建设用地节约集约利用研究丛书

城市建设用地节约集约利用制度体系建设与实践

——以天津市为例

吴　均　李朝阳

许　喆　朱　熿　孟蒲伟　著

南开大学出版社

天　津

图书在版编目(CIP)数据

城市建设用地节约集约利用制度体系建设与实践：
以天津市为例 / 吴均等著. —天津：南开大学出版社，
2015.8
（建设用地节约集约利用研究丛书）
ISBN 978-7-310-04819-9

Ⅰ.①城… Ⅱ.①吴… Ⅲ.①城市土地－土地利用－
研究－天津市 Ⅳ.①F299.272.1

中国版本图书馆 CIP 数据核字(2015)第 119157 号

南开大学出版社出版发行
出版人：孙克强
地址：天津市南开区卫津路 94 号　　邮政编码：300071
营销部电话：(022)23508339　23500755
营销部传真：(022)23508542　　邮购部电话：(022)23502200
＊
天津午阳印刷有限公司印刷
全国各地新华书店经销
＊
2015 年 8 月第 1 版　　2015 年 8 月第 1 次印刷
230×155 毫米　16 开本　15.25 印张　215 千字
定价：45.00 元

如遇图书印装质量问题,请与本社营销部联系调换,电话：(022)23507125

序

随着工业化和城镇化进程的不断加快，我国人多地少、资源相对稀缺的基本国情使得建设用地的供给与需求两者之间的矛盾日益尖锐。尤其在生态环境日益脆弱的今天，节约集约利用土地资源是化解这一矛盾的必然选择，也是摆在我们面前的重要课题。

国家高度重视土地资源的节约集约利用问题，2004 年《国务院关于深化改革严格土地管理的决定》（国发〔2004〕28 号）提出"实行强化节约和集约用地政策"，2008 年《国务院关于促进节约集约用地的通知》（国发〔2008〕3 号）指出"切实保护耕地，大力促进节约集约用地"，同年，《中共中央关于推进农村改革发展若干重大问题的决定》（党的十七届三中全会通过）中明确提出实行最严格的耕地保护制度和最严格的节约用地制度。为了更好地落实国家的战略部署，国土资源部开展了大量工作，包括积极建立土地利用评价考核制度，定期开展开发区土地集约利用评价和城市建设用地节约集约利用评价等，这些工作成果已经作为科学用地管地、制定相关用地政策的重要依据。

近年来，天津市先后开展了 3 轮开发区土地集约利用评价和 2 次城市建设用地节约集约利用评价工作，为摸清开发区和中心城区建设用地集约利用情况奠定了坚实基础。更重要的是，在上述实践过程中，天津市围绕节约集约利用土地，不断进行理论思考、实践探索和总结提升。天津市国土资源和房屋管理研究中心组织骨干力量完成的"建设用地节约集约利用研究丛书"，就是其近年来理论思考和实践研究的结晶。

该套丛书以科学发展观为指导，以经济学分析为基础，揭示了建设用地节约集约利用的内在机理、实现路径，探究了建设用地节约集约利用评价和潜力测算的理论与方法，通过天津实践，系统总结和反思天津市建设用地节约集约利用评价实践经验，并进一步尝试研究构建了城市建设用地节约集约利用的制度建设体系。丛书由 4 本构成，分别是《建设用地节约集约利用机理研究》《建设用地节约集约利用评价和潜力测算的理论与方法研究》《天津市建设用地节约集约利用评价的实践与反思》以及《城市建设用地节约集约利用制度体系建设与实践》，既包括建设用地节约集约利用的基础理论研究，也涉及相应的评价实践工作，并系统研究了制度保障和体系建设问题，彼此间既相对独立又互为联系。整套丛书所呈现的理论研究和实践成果不但有效呼应和验证了国家系统部署开展的建设用地、开发区土地节约集约利用评价工作，也结合天津实际系统地、理性地进行探索实践，既响应国家要求，又体现地方特色。

作为最早开展建设用地节约集约利用评价的试点城市之一，天津市积累了大量的实践经验，通过本套丛书系统性地探索和反思土地节约集约利用的相关理论和方法，对指导我国建设用地节约集约利用实践和研究具有重要的意义。衷心希望该套丛书出版，能够吸引更多有识之士投身到土地节约集约利用的理论与实践研究中来，在全国范围内涌现出更多的优秀成果。

林　坚

于北京大学

2015 年 2 月 8 日

目　录

第一章 绪 论

第一节 基础概念的界定

一、城市

古往今来，城市的定义有几十种，许多学者分别从不同的学科给出了城市的定义。从经济学的角度，英国经济学家巴顿认为城市是一个坐落在有限空间内的由各种经济市场（住房、劳动力、土地、运输等）相互交织在一起的网状系统。从社会学的角度，城市被定义为"具有某些特征的、在地理上有界的社会组织形式"。从地理学的角度，德国地理学家拉采尔（F. Ratzel）认为"地理学上的城市，是指地处交通方便的、覆盖有一定面积的人群和房屋的密集结合体"。

上述定义往往受历史时代和所研究学科领域的局限，仅概括了城市在特定历史阶段或某个层面的特点。随着时代的发展和变迁，城市的内涵与外延也在不断发展，它是一个动态的概念。按照我国《城市规划基本术语标准》（GB/T50280—98）的解释，城市是"以非农业产业和非农业人口集聚形成的较大居民点，包括按国家行政建制设立的市、镇"。本书研究的城市是以人为主体，以空间利用为特点，以聚集经济效益和人类社会进步为目的的一个集约人口、集约经济、集约科学文化的空间地域系统。

二、城市建设用地

1991 年颁布实施的《城市用地分类与规划建设用地标准》（GB137—90）规定了城市建设用地的概念范畴，"城市建设用地应包括分类中的居住用地、公共设施用地、工业用地、仓储用地、对外交通用地、道路广场用地、市政公用设施用地、绿地和特殊用地九大类用地，不应包括水域和其他用地"。2012 年 1 月 1 日批准实施了新的《城市用地分类与规划建设用地标准》（GB50137—2011）。根据新标准，城市建设用地概念界定为"城市和县人民政府所在地镇内的居住用地、公共管理与公共服务用地、商业服务业设施用地、工业用地、物流仓储用地、交通设施用地、公用设施用地、绿地"。

根据《城市用地分类与规划建设用地标准》（GB50137—2011），结合本书研究的主要内容，将城市建设用地理解为：在城市规划范围内利用土地的承载力并将其作为生产、生活场所的用于建造建筑物、构筑物及其使用范围内的土地（赵飞燕，2011）。

三、节约与集约利用

节约利用，一般是相对于浪费而言的，是指在生产建设活动中，运用经济、行政、法律、技术等手段，合理利用每一寸土地，提高土地利用效率，以用最少的资源来满足人们生产、生活的需要，避免资源的浪费。集约利用，是相对于粗放利用而言的，是指通过适度提高单位面积上土地的投入强度（一般包括资金、劳动力和科学技术等生产要素）来增加土地产出量的土地利用方式（戴必蓉，2010）。

本书将节约集约利用理解为对有限的资源，依靠行政、法律、经济、技术等各种手段，通过集中投入有效的资金、劳动和技术等要素，以环境消耗最小化为原则，以达到资源的可持续利用为最终目的，实现经济效益、社会效益和环境效益三者综合效益最大化的利用模式。

四、制度体系

制度，一般是指在某一领域或活动中，要求大家共同遵守的办事规程或行动准则，也指在一定历史条件下形成的法令、礼俗等规范或一定的规格。从社会科学的角度来理解，制度泛指以规则或运作模式，规范个体行动的一种社会结构。

制度体系是整个社会范围内各种制度之间或社会某一领域内相关制度之间相互作用而形成的制度综合体。

本书所指的制度体系是指在构建资源节约型、环境友好型社会的背景下，为促进土地资源节约集约利用和社会资源的可持续发展，形成规范各行各业节约集约利用土地资源的制度综合体。

第二节 城市建设用地节约集约利用简述

一、问题的提出

随着我国工业化、城镇化的迅速发展，在城市建设用地利用上，出现了诸多问题。例如，城市化进程的加快导致建设用地急剧扩张；建设用地不断侵占城郊周边优质耕地；城市内部土地闲置浪费，建设用地布局不合理等。为保证城市经济社会的可持续发展，缓解土地供需矛盾，优化用地结构和布局，推进建设用地节约集约利用，已成为现阶段我国城市发展的必然选择。

党中央、国务院高度重视土地节约集约利用。2012年3月，国土资源部下发了《国土资源部关于大力推进节约集约用地制度建设的意见》（国土资发〔2012〕47号），是我国首次成体系地表述节约集约用地制度的总体要求、基本原则和内容。要求各地按照"规划管控、计划调节、标准控制、市场配置、政策鼓励、监测监管、考核评价、共同责任"的框架体系，建立健全节约集约用地各项制度。党的十八届三中全会提出"要健全国土空间开发、资源节约利用的体制机制"。2013年12月召开的城镇化工作会议也提出了"节约利用土地资源，严控增量，盘活存量，限定城市发展边界，切实提高城镇建设用地集约化程度"的具体要求。2013年12月，在济南召开的全国土地市场及节约集约利用管理工作座谈会，也很好地描绘了当前及今后一段时期的节约集约用地思路及工作安排：实施总量控制和减量化供应、优化布局和格局调整、国土综合整治三大节约集约用地战略，着力健全规模导向机制、完善市场配置机制、强化激励约束机制、完善评价考核机制，为各地节约集约用地工作全面开展指明了方向。2014 年 6 月初，国土资源部正式下发《节约集约利用土地规定》（国土资源部令第 61 号），对土地节约集约利用制度进行了归纳和提升，进一步强调布局优化、标准控制作用，充分发挥市场配置作用，突出了存量土地的盘活利用，完善了监督考评新机制。这是我国首部专门就土地节约集约利用进行规范和引导的部门规章。

　　在深化改革、新型城镇化的大背景下，如何进一步促进城市建设用地节约集约利用，充分发挥城市建设用地资产的效用，保障城市建设和经济社会健康快速发展，成为目前值得关注的城市重点问题之一。因此本书从土地利用规划管控制度、土地利用计划调节制度、建设用地标准控制制度、土地资源配置制度、税费调控制度、土地利用监测监管制度、节约集约利用评价制度和绩效考核制度等八个方面进行制度设计，并针对天津市进行实证研究，提出城市建设用地节约集约利用制度体系应用的建议。

二、内涵解析

　　城市土地是指市（县）域范围内的所有土地，包括建设用地与非建设用地。因此，严格来讲，城市土地节约集约利用的内涵范围比城市建设用地节约集约利用要大。而节约集约利用的本质是控制建设用地的规模，保护农用土地资源，因此城市建设用地节约集约利用问题是土地节约集约利用问题的研究焦点。目前，关于城市土地节约集约利用的研究大多是针对城市建设用地而言的，以下提出的城市土地节约集约利用的内涵就是指城市建设用地节约集约利用的内涵。

　　土地节约集约利用的概念最早来源于李嘉图等古典经济学家在地租理论中对农业用地的研究，它是指在一定单位面积的土地上，集中投入较多的生产资料和劳动，并使用先进的技术和管理方法，以求在较小面积土地上获取高额收入的一种农业经营方式，这也是级差地租产生的原因。随后，土地节约集约利用的概念被引入城市土地利用中，但由于城市土地功能和利用方式的多样性，城市土地节约集约利用的内涵远比农业土地节约集约利用的内涵要复杂得多。在城市节约用地方面，大多数学者认为，其内涵是指：在城市各种生产领域内，通过采取行政、法律、经济、技术等各种手段或综合措施，使各类城市建设用地达到土地利用效率最大化，使用少量的土地资源实现最大的社会、经济和生态的综合效益，确保社会和经济的协调发展。而在城市集约用地方面，中外专家学者至今仍没有对其定义与内涵达成共识。例如，肖梦在《城市微观宏观经济学》中指出："城市土地集约化使用可以多维地利用城市土地的立体空间，并使城市土地一地多用。"马克伟主编的《土地大辞典》对土地集约经营词条的解释是："土地集约经营是土地粗放经营的对称，是指在科学技术进步的基础上，在单位面积土地上集中投放物化劳动和活劳动，以提高单位土地面积产品产量和负荷能力的经营方式。"龚义等学者指出："城市土地集约利用是在特定时段中、特定区域内的一个动态、相对的概念，亦指现期和可预见的未来条件下，在满足城市发展适度规模、使城市获得最大规模效益和集聚效益的基础上，以城市合理布局、优化用地结构和可持续发展为前提，通过增加存量土地投入、改善经营管理等途径来不断提高城市土地的使用效率，并取得更高的经济、社会和生态环境效益。"陶志红则将城市土地集约利用的内涵界定为："以合理布局、优化用地结构和可持续发展为思想依据，通过增加存量土地投入、改善经营管理等途径，不断提高土地的使用效率和经济效率。"谢敏等人认为："城市土地集约利用是动态的、相对的概念，是指现期或可预见的社会经济及技术发展条件下，在城市土地所能利用的立体空间范围内，通过改善经营、优化用地结构等措施，在不增加城市土地总量的前提下，加大土地利用程度，提高土地利用效率，以相对增加城市用地面积，提高社会经济和生态环境综合效益的城市土地利用方式。"

本书在综合前人研究的基础上，综合考虑城市的区位条件、历史背景、资源禀赋、功能定位、建设规模等要素，兼顾经济效益、社会效益和生态效益三者的统一，将城市建设用地节约集约利用内涵理解为：以国民经济和社会发展规划、土地利用总体规划以及城市规划等相关规划为导向，以城市土地合理布局、用地结构优化为前提，以城市土地综合承载力和可持续发展为引导约束目标，凭借市场和政府两个主体，提高建设用地的使用效率，在区域内获得最大集聚效益和规模效益、在满足区域适度发展的基础上，实现经济、社会和生态环境三种效益最大化的最佳土地利用方式。

三、影响因素分析

随着经济社会的发展，人类改造世界和利用自然的能力在不断增强，土地资源的承载能力和土地利用效率也在不断提高。城市建设用地作为土地资源的重要组成部分，受城市经济增长和城市化水平影响，其节约集约利用水平不尽相同。同时，各地的自然地理条件、生态环境保护状况、土地市场发育程度以及政府管理方式等因素都会对建设用地节约集约利用水平产生较大影响。按照各影响因素的主要内涵，分别将其归到经济、社会和自然三个方面，即影响城市建设用地节约集约利用的经济因素、社会因素和自然因素。

1. 经济因素

经济因素主要包括经济发展、产业结构、土地价格等。

（1）经济发展

经济发展对城市建设用地节约集约利用主要有两方面的影响，一是经济发展促进产业规模经济、劳动力市场经济、信息经济等规模经济的产生，经济的集聚意味着单位面积土地的资金、物力和劳动力的聚集，在一定程度上提高了城市建设用地节约集约利用水平；二是经济发展使得城市经济实力增强，一些促进土地节约集约利用的措施得以顺利实施，如加大城市公共设施投资、建设高层建筑、开发地下空间、提高城市资源环境承载力，等等。

（2）产业结构

随着经济的发展，三次产业结构比例也逐渐由第一产业为主转变为第二、三产业为主，最后向第三产业为主转变；由劳动密集型产业占优势比重逐级向资金密集型产业、技术知识密集型产业占优势比重演进；由制造初级产品的产业占优势比重逐级向制造中间产品、最终产品的产业占优势比重演进。伴随这种优化升级，主导产业部门土地生产率、利用率不断提高，对土地的依赖越来越弱，更加追求集聚效益，更加注重土地节约集约利用，使得资本、技术、信息等生产要素在经济发展中发挥的作用越来越大。

（3）土地价格

土地价格的高低是影响城市建设用地节约集约利用程度的最直接因素。当土地价格上升时，对土使用者来说，即土地的获得成本高于增加单位面积的投入所需费用，则用地者会通过少占用土地，多增加资本、技术、劳动力等要素投入，或者改变土地用途来获得较大的产出效益。例如，用地者会选择提高建筑容积率来避免高成本，用土地收益高的用途代替收益低的用途，这样便会促进土地的节约集约利用。当土地价格较低时，土地使用者通过土地扩张，减少资本和劳动的投入来降低成本获得高额利润，从而导致土地粗放利用。

2. 社会因素

社会因素主要包括人口、科学技术水平、政策制度等因素。

（1）人口

人口对城市建设用地节约集约利用程度的影响主要体现在以下几方面：一是城市人口规模的扩张导致城市建设用地需求增加，在有限的土地资源约束下，人们加强对土地的空间利用，提高建筑容积率和建筑密度，从而促进建设用地节约集约利用；二是区域土地资源供给总量和人均拥有土地资源的状况直接影响其节约集约利用水平。人地关系越紧张的地区，对土地节约集约利用的要求就越强烈。但是过高的人口密度将对住房、交通、基础设施等的需求造成巨大的压力，当这种压力超过资源环境的承载阈值时，将会破坏生态环境，进而阻碍社会的发展。因此，适宜的人口密度对区域土地节约集约利用尤为重要。

（2）科学技术水平

科学技术水平的不断提高，使得单位建设用地面积上同样数量的投入产出更高的效益，从而提高了土地这一生产要素的使用效率，也提高了城市建设用地节约集约利用水平。科学技术的进步在一定程度上还能提高城市土地资源承载力，例如，建筑材料和建筑施工的技术进步使得人们可以以更高的强度对土地进行开发，充分利用地上、地下空间；污染防治技术的进步提高了环境容量，降低了由于人口和经济、社会活动聚集所带来的外部不经济，推动了城市建设用地节约集约利用。

（3）政策制度

土地利用总体规划、城市规划等在宏观层面上指明了城市在一定时期内的发展方向、规模和目标，提出了城市内部不同功能区的土地利用方式和管制规则，确定了各项建设用地指标和利用条件等，这些都直接影响着城市建设用地节约集约利用。国家近年来出台的有关节约集约用地的政策也指引着城市建设用地节约集约利用的方向，如国家提出的严格土地利用总体规划实施管理，加强建设用地使用标准控制等要求都将有力地促进土地节约集约利用；另外，国家出台的限制农用地转用、严格耕地保护的相关政策，在一定程度上遏制了耕地的锐减，其最终效果就是促使城市建设用地进行内部挖潜，促成城市建设用地利用向节约集约的方向发展。

3. 自然因素

自然因素包括土地资源的有限性、土地承载力因素、地形地貌因素、生态环境因素等。

（1）土地资源的有限性

城市建设用地节约集约利用程度与区域土地资源供给总量和人均拥有土地资源的面积直接相关。土地是不可再生资源，因此土地资源总量是有限的，不可能提供给人类无限的供给。当区域内土地总量和供给量稀缺时，土地利用将向集约化方向发展，土地稀缺的现实要求土地的集约利用可能性就越高。土地资源的稀缺性是节约集约利用土地的直接动力。

（2）土地承载力因素

良好的自然地理条件是城市建设用地节约集约利用的前提，好的地质条件有利于地上、地下空间的充分利用，可承载更多的人口和经济、社会活动，从而使城市土地利用向更加集约化的方向发展。土地开发利用强度主要受该区域土地承载能力的影响和制约，承载力越大，越适宜进行高密度、高强度的开发，越能够提高土地节约集约利用程度。

（3）地形地貌因素

地形地貌条件会影响土地的节约集约利用。平原地区平坦的地势条件有利于生产建设等活动开展，用于城市发展的建设用地资源相对丰富，城市建设用地利用相对粗放。山地丘陵地区不利于进行大规模的土地开发，生产建设活动往往集中在有限的自然条件较好的地区，这样便促进了建设用地的高效集约利用。例如，在南部山区，土地使用者会通过提高土地容积率来弥补土地资源的不足。

（4）生态环境因素

城市生态环境是城市土地集约利用的重要限制性因素。由于土地报酬递减规律的作用，建设用地集约度的提高是有限的。当建设用地过度集约利用，会增加对环境的压力，恶化生态环境，降低生态环境对各种生物的承载力，造成环境透支加剧。因此，城市环境容量决定了城市土地集约利用的最高强度。

第三节 城市建设用地节约集约利用现状及问题

一、现状分析

节约集约利用国土资源已经上升到国家战略高度，各地在土地管理实践工作中都在积极尝试和不断探索建设用地节约集约利用的好方法、好措施，节约集约用地工作取得明显进展。

1. 规划的总体控制作用不断强化

通过科学编制规划，促进土地的节约集约利用。我国先后开展了三轮土地利用总体规划的编制实施工作，统筹安排和合理引导各行业建设用地，优化了城市建设用地结构与空间布局。近年来不断强化土地利用计划对土地供应总量、结构和布局的调控，在一定程度上促进了土地要素与资金、劳动力和地区发展阶段的匹配，提高了土地利用效率。

2. 不断扩大土地市场的配置范围

经过几十年的努力，市场在土地资源配置中的基础作用得到加强。国有土地使用权有偿出让与转让的基本制度框架初步确立，市场置配已成为国有土地资源配置的主要方式。2004～2011 年出让用地占建设用地供应总量的平均比重为 66.6%，招拍挂出让用地占出让用地的比重迅速提高，由 1999 年的 2.38%稳步上升到 2006 年的 32.4%，2011年这一比重达到 91.2%。通过逐渐加大市场配置方式的力度，大力促进了土地有形市场的建设，促使土地使用权从低效率使用者流转到高效率使用者手上，大大提高了城市土地集约利用水平。

3. 试点先行探索创新节约集约用地新机制

近年来，我国先后批准 29 个省份开展城乡建设用地增减挂钩试点，10 个省份开展城镇低效用地再开发试点，15 个省份开展低丘缓坡地开发利用试点，12 个省份开展工矿废弃地复垦利用试点，5 个省份部分露天矿开展采矿临时用地方式改革试点。通过开展改革试点，在优化城乡用地结构、盘活存量建设用地、减少优质耕地的占用等方面促进了节约集约用地，为创新土地节约集约新机制打下良好基础。

4. 充分发挥节约集约模范县（市）创建活动对节约集约用地的示范引领作用

2010 年 6 月 25 日，国土资源部在全国启动了首届国土资源节约集约模范县（市）创建活动，连续三年将创建活动纳入工作重点。通过各地开展的节约集约模范县（市）创建活动，调动了地方各级政府节约集约利用土地的意识，已经把节约集约用地变成了自觉行动，节约集约用地意识明显提高。

二、存在问题

1. 地方政府和企业"圈地"现象普遍，城市规模扩张迅速

长期以来，很多城市的管理者把城市化片面地理解为城市占地面

积的扩大和城市人口的增加，忽视了城市化的内涵和实质，以及城市经济、社会、环境功能的完善。在这种思想的指导下，许多地方政府"摊大饼"式地进行"城市化大跃进"。各种新设园区和已有园区扩大规模圈占土地势头逐步显现，城市新区数量过多、规模偏大、土地闲置、浪费问题突出，地方融资平台以融资为目的"圈地"现象比较普遍，部分沿海地区擅自围填海造地扩大建设用地规模。例如，辽宁葫芦岛市在新一轮土地利用总体规划中，新增建设用地总规模114平方公里，规划期内计划围填海造地达40平方公里，未纳入新增建设用地规模指标。与此同时，偏低的工业用地地价使大企业、实体等工业企业使用少部分土地而囤积大部分土地，长期不开发或开发不足等"圈地"现象多见，城市建设用地规模扩张明显。

2. 闲置和低效利用情况普遍存在，土地利用效率较低

一直以来，我国对土地价值的忽略形成了粗放用地的不良习惯，突出表现为单位建设用地固定投资额不高，尤其第二、三产业单位建设用地产值低下，人均建设用地规模过多等。2011年我国人均城镇工矿用地面积139平方米，远高于世界平均水平。随着城市发展阶段的不断变化，经济和产业发展水平提高，对土地节约集约利用水平的诉求也逐步提升，早期的规划和建设可能不再符合现阶段思想。例如，早期先进的国有企业，现今已成为低效用地集中营，是盘活存量与转型发展的主要阵地。但历史遗留下来的闲置土地，由于经济关系复杂，认定和处置时间长、难度大，短时间盘活利用难度较大；低效利用土地在取得成本高、社会影响大等因素制约下，缺少有效的经济调控机制，盘活再利用的难度仍然较大；存量土地盘活再利用潜力短时间不能释放，土地利用效率较低。

3. 超标准、浪费用地导致土地利用结构不尽合理，内部布局散乱

目前城市各项建设用地结构布局合理，基础设施超前建设现象屡见不鲜，部分行业重复建设，产业用地配置结构趋同现象突出，城市工业用地所占比重大。如合肥市明珠广场、济南市中心广场等占地面积均超过10公顷，远超5公顷上限；兰州新区有的道路宽度达到100米，远超过大城市主干道70米上限。此外，城市中心区和高地价区被

占地规模大、污染严重的工厂或一些行政、机关事业单位占据，特别是开发区、工业园、生态经济区等工业集聚区的大量圈建，相应的生活配套设施用地和生态用地等被挤占，住宅、商服、教育、医疗等生活配套设施用地相距太远，各项用地比例失调，交通拥挤、环境污染等问题加剧。城市土地利用结构不合理，功能分区布局散乱，影响了城市各功能区的整体规划与建设，一定程度上阻碍了土地总效益的发挥。

4. 土地节约集约利用制度体系尚不完善，市场效应发挥受阻

我国现行土地管理制度实行的是国家对土地一级市场的垄断，集体土地不能入市。国家垄断征地制度，征地补偿费用标准低，决定了国家取得农民土地的支出远远低于利用城市存量土地的费用，低廉的土地成本在一定程度上纵容了地方政府和国有企业多用地、用好地。"一个水龙头放水"的供地制度虽然有利于政府统一调配规划土地的使用，有利于宏观调控城市的整体建设与发展，但由于不完全的市场属性，不能完全发挥合理配置土地资源的作用。

自 2008 年国务院印发《关于促进节约集约用地的通知》（国发〔2008〕3 号）之后，国土资源部先后发布《关于大力推进节约集约用地制度建设的意见》（国土资发〔2012〕47 号）、《节约集约利用土地规定》（国土资源部令第 61 号）等政策文件。随着一系列紧缩性土地政策的出台，节约集约用地制度建立取得了明显的成效，但制度体系尚不完善。目前，国土部组织开展的节约集约利用工作主要以评价工作为主，制度建设尚处在摸清现状的阶段，通过大量评价工作的开展，逐步明确我国城市建设地节约集约利用的现状。对土地利用配置、管控、监督等方面的制度还很少，现有节约集约用地政策的有效实施缺乏抓手，总量控制、布局优化和复合利用的机制尚待建立，市场配置资源效应不能充分发挥。

三、原因分析

产生以上问题是有多方面原因的，既有制度不落实、措施不得力等操作层面的因素，也有制度设计不合理、市场机制效应发挥不充分、

节约集约用地意识淡薄等深层次原因。具体来说主要有以下几个方面：

1. 节约集约用地政策落实不到位

现有节约集约用地政策有效实施缺乏抓手，总量控制、布局优化和复合利用的机制尚待建立，因此导致城市建设用地结构不尽合理，内部布局散乱现象的产生。此外，我国对建设用地的批后管理没有形成有效的监管机制，虽然法律法规规定了土地闲置的处置办法，但在实际执行中由于受地方利益影响，政府职能部门往往对闲置土地处置不力，造成土地资源的浪费。虽然在土地供应环节对土地投资强度、容积率、建筑密度等进行了形式意义上的审查，但一旦企业取得土地后，对是否达到必要的投资强度、容积率、建筑密度等缺少必要的制约措施。

2. 规划体系不科学，缺乏协调多项规划的调控作用

不同部门的各类规划间缺少协调和衔接，导致各个规划的主体部门都从各自部门的角度出发，片面强调各自规划的重要性，各种规划比如城镇建设、产业发展、生态保护等不能互相协调，造成了用地空间布局重叠、散乱和用地效率低下等问题。而且这些规划大多与土地利用规划脱节，这不仅导致各个规划之间在用地的问题上产生了极大的冲突，也严重影响到土地利用规划对土地利用的管理作用。此外，规划编制中民主决策和群众参与程度不足，影响了规划的可操作性，制约了土地利用规划管控功能的有效发挥，导致了近年来建设用地无序扩张和利用粗放的局面。

3. 土地市场发育不健全，资源配置机制不合理

随着改革开放的逐步深入，我国的社会主义市场经济体制建设也逐步完善。市场配置土地资源的范围逐渐扩大，然而与我国经济发展实际情况和速度相比，我国土地资源市场化配置程度严重偏低，导致不能完全发挥合理配置土地资源的作用。另外，随着我国分税制体制改革的推行以及房地产业的特殊行业性质的充分显现，导致地方政府土地财政行为的产生，地方政府以各种"公共利益"的名义征用大量耕地，并出让用于各种经营性用途。政府和企业大量圈地，使得城市规模扩张迅速。

第二章 节约集约利用的理论基础

第一节 基础理论

19 世纪和 20 世纪初的早期城市土地利用理论主要关注城市土地作为生产要素在经济活动中所体现出的特征和经济规律。区位理论、土地报酬递减理论、级差地租理论和土地产权理论分别提出土地作为生产要素参与经济活动的经济规律和土地利用数量与空间配置的经济效益最大化规律，这些理论成果为城市建设用地节约集约利用研究奠定了理论基础。

土地承载力理论大多是生态学中承载力定义的直接延伸，从早期的人口承载力逐步发展为综合承载力，即经济、社会、资源、环境等多方面的承载力。城市土地承载力研究是城市建设用地节约集约利用研究的基础，土地节约集约利用就是土地的综合承载力达到最优，经济、社会、资源和环境等承载力实现最优配置。

20 世纪末，可持续发展思想得到了全球普遍认可，西方社会在对原有城市蔓延发展进行深入反思的基础上，提出了城市可持续发展的目标，开始了控制城市蔓延的研究和讨论，并在城市土地利用规划中引入了"城市增长边界"概念，划定了城市空间扩张范围，学术界称之为"增长管理"或"精明增长"。增长管理与可持续发展思想相结合促进了城市建设用地节约集约利用研究的深入，可持续发展理论既是城市建设用地合理利用的重要概念，也是城市建设用地节约集约利用的指导思想和总目标，城市建设用地节约集约利用成为一种促进城市可持续发展的重要途径。

一、区位理论

1. 工业区位论

韦伯的工业区位论是古典区位论中最小费用区位论的主要代表之一。1909 年，德国经济学家阿尔弗雷德·韦伯在《论工业区位》一书中首次系统地论述了工业区位理论。他认为工业区位主要由集聚因素产生的经济效益决定，在原材料和消费中心一定的情况下，分析和计算劳动力、运输以及集聚因素的相互作用，从而确定生产工业产品成本最低的工业企业最佳区位（李炯光，2002）。

韦伯将影响工业区位的因素分为两类：一类是影响工业分布于各个区域的"区域性因素"，是形成工业基本格局的基础；另一类是导致工业集聚于特定地点的"聚集因素"。他主要提出了三个基本理论：

（1）运费指向论。韦伯认为，运输成本最小点为工业布局最佳区位，运输成本由原料指数和距离两大因素决定。

（2）劳动费指向论。劳动费是使运费形成的区位格局发生变形的因子，使工业区位产生第一次偏移。工业的劳动费是指进行特定生产过程中，单位制品中工资的数量。

（3）集聚指向论。集聚因子是指促使工业集聚到某一地点，从而节约生产和销售成本而获得经济效益的因子。当集聚获得的利益大于企业因集聚而增加的运输费用和劳动费用之和时，集聚因子即将企业从运输费用和劳动力费用最低点，迁至集聚最佳区位（工业区位发生第二次偏移）。

韦伯的工业区位论开创了工业区位理论研究的新领域，具有开拓性和发展性特点，但是他没有考虑市场需求因子和其他市场竞争者的影响，表现出孤立、静态和封闭的特征。

2. 中心地理论

20 世纪以来，由于资本主义经济的高度发展，加速了城市化进程，各种经济活动如工业、商业、贸易、服务行业等由于集聚效益，开始向城市聚集。因此，对城市的研究显得日益重要，研究主要集中于城市的空间分布、数量和规模等级。德国地理学家克里斯泰勒将区位论引入地理学加以研究，1933 年他在《德国南部的中心地》一书中提出了中心地理论，理论的中心内容是论述一定区域内城市职能、空间结构、等级之间的关系及其空间结构的规律性，并用六边形图式对城镇等级与规模关系加以概括。

中心地理论认为，城市的基本功能是作为其腹地的服务中心，为其腹地提供商品和服务，如零售、批发、金融、企业、管理、行政、专业服务、文教、娱乐等，并且中心地可按其提供商品和服务的档次划分成若干等级，各中心地之间构成一个有规则的层次关系。服务是中心地的基本职能，服务业处在不同的中心地，提供的服务层次也不同，高级中心地提供大量的、高级的商品和服务，而低级中心地则只能提供少量的、低级的商品和服务（乔家君，2013）。中心地的空间分布形态，受市场因素、交通因素和行政因素的制约，形成不同的中心地系统空间模型。根据中心地理论做进一步分析，不同区域会形成不同的商业集聚，比如，城市商业集聚区、区域商业集聚区及社区商业集聚区等。

3. 市场区位论

奥古斯特·廖什（August Losch）的市场区位理论把市场需求作为空间变量来研究区位理论，进而探讨了市场区位体系和工业企业最大利润的区位，形成了市场区位理论。市场区位理论将空间均衡的思想引入区位分析，研究了市场规模和市场需求结构对区位选择与产业配置的影响。

廖什认为，每一个企业产品销售范围，最初是以产地为圆心，最大销售距离为半径的圆形，而产品价格又是需求量的递减函数，所以单个企业的产品总销售额是需求曲线在销售圆区旋转形成的圆锥体。随着更多工厂的介入，每个企业都有自己的销售范围，由此形成了圆外空挡，即圆外有很多潜在的消费者不能得到市场的供给，但是这种圆形市场仅仅是短期的，因为通过自由竞争，每个企业都想扩大自己的市场范围，圆与圆之间的空挡被新的竞争者所占领，圆形市场被挤压，最后形成了六边形的市场网络。他还认为，工业区位应该选择在能够获得最大利润的市场地域，而且还受其他相关经济个体、消费者以及供给者的影响，当空间区位达到均衡时，这个空间形成了正六边形，即为最佳空间范围。

廖什的区位论论证并发展了中心地理论，将微观经济学的研究路径引入城市体系研究之中，打破了从单个企业利益的角度来寻求最佳区位的限制，从总体均衡的角度来揭示整个系统的配置问题。这是他成为动态区位理论的代表作，也成为市场区位论的主要奠基人。

4. "杜能圈"理论

经济学家杜能 1810 年在德国梅克伦堡附近购置了一块土地，经过多年的记载研究，于 1826 年完成名著《孤立国同农业及国民经济的关系》，创立了农业区位理论。

杜能在《孤立国同农业及国民经济的关系》中提出了著名的孤立国理论：假定有一个孤立国，它全是沃土平原，但与别国隔绝，没有河川可通舟楫；在这一孤立国中有一个都市，远离都市的外围平原变为荒芜土地；都市所需农产品都由乡村供给，都市提供乡村地区所需的加工品。在这种假设下，杜能提出了各种产业的分布范围，或者说它们的区位，他把都市外围按距离远近划成六个环带，这些环带后来被称为杜能圈。孤立国理论揭示了因土地距离市场远近不同而引起农业分带的分布现象和一般规律。第一个杜能圈被称为自由农作区，距离都市最近，主要生产新鲜蔬菜、牛奶等。由此向外，距离变远，运费增加，新鲜农产品因来不及运抵城市而腐烂并失去价值。杜能根据当时的价格计算，得出在第一个圈外生产粮食没有生产木材利润大，因此形成了林业带，也呈环状，生产木材供应都是能源消费。在第一个杜能圈内不能发展林业是因为生产新鲜农产品比生产林业有更大利润，两种资源竞争排挤了林业。按照此种方法，依次导出第三圈为谷物轮作区，第四圈为谷草轮作区，第五环圈为牧业区，第六圈为荒芜土地。地租的差别视距离都市的远近而定，越靠近都市，地租越高，远则反之（石虹，2000）。

土地的功能分区明显存在于现代城市之中，对于不同的城市土地区位，其空间位置是相对固定的，经济特征是相对明显的。根据土地区位理论，研究各种已有配置在土地上的作用及其对土地的影响，对揭示出土地利用的一般规律和土地质量的差异具有重要作用。因此，土地区位理论对城市建设用地节约集约利用有着十分重要的指导意义。

二、土地报酬递减理论

自从人类开始利用土地从事生产劳动，土地报酬递减规律就已经存在了。最早注意这一现象的是生活在 17 世纪中叶的英国人威廉·佩蒂，他指出一定单位面积的土地生产力有一最大限度，超过这一限度之后，土地产出物的数量就不可能随着劳动量的增加而增加了。土地报酬递减是指在技术和其他要素不变的条件下，对相同单位面积上的土地连续追加投入某种要素所带来的报酬增量迟早会下降（陈钶斯，2008）。通过土地报酬递减规律，我们可以确定土地利用的最佳集约度和最佳规模。我国人多地少，耕地后备资源不足，在城市化的过程中如何提高土地使用效率、节约集约利用城市土地，关系到经济社会的健康发展。

从土地利用的全过程来看，土地报酬会在一定的技术和社会制度条件下，随着单位土地面积上生产要素的追加投入，先是递增，后趋向递减。在土地报酬递减后，如果出现科学技术或社会制度的重大变革，就会产生相对低效利用的土地，同时也会使土地利用在生产资源组合基础上进一步趋于合理，则土地报酬又会转向递增。技术水平与管理水平稳定后，土地报酬将会再度趋于递减。土地报酬递减的三个阶段也不是固定不变的，随着社会发展和科技水平的提高，这三个阶段也在不断发生变化。我国的土地国情和全球经济一体化的趋势决定了我们必须因地制宜、与时俱进地探求在一定社会生产力水平下单位面积土地获取最大收益的途径，使有限的土地资源能够得到有效的利用。

因此，土地报酬递减理论对于城市建设用地节约集约利用有直接的指导作用。在土地利用过程中，依据土地报酬递减规律，在一定社会生产力水平下，依据边际收益等于边际成本的原则，通过科学手段测定最佳的投入点，提高土地报酬由递增到递减的临界值。

三、级差地租理论

资本主义级差地租是指租佃较好土地的农业资本家向土地所有者缴纳的部分超额利润。它是由优等地和中等地农产品的生产价格高于劣等地农产品的生产价格产生的社会生产价格差额所决定的。级差地租存在着两种形态，即级差地租Ⅰ与级差地租Ⅱ。级差地租Ⅰ是指同时投放不同土地上的资本由于土地肥沃程度和地理位置差异造成的生产率差异而形成的超额利润。级差地租Ⅱ是指连续在同一块土地上追加投资所产生的超额利润。

马克思在对资本主义级差地租理论批判性吸收的基础上，建立了科学的地租理论。马克思的地租理论认为，级差地租的存在需要有三个条件，一是由自然条件和投资不同而产生的生产率差别，二是土地经营权的垄断，三是以土地所有权与经营权分离为前提的经营权垄断，并且这三个条件是缺一不可的。在我国社会主义条件下，由城市土地位置的差别带来的收益差别以及在同一块土地上连续投资带来的收益差别都是客观存在的；由位置较好的土地稀缺性产生的经营权垄断也是客观存在的，这与特定社会经济制度没有关系，它们是由土地这一特殊生产要素的特点决定的。此外，社会主义制度的建立，消灭了土地的私有制，但并没有消灭土地所有权。我国宪法第十条规定："城市土地属国家所有。"土地公有制只是土地所有制的一种类型，而不是土地所有权的取消，而且我国城市土地所有权与城市土地使用权是分离的。因此，城市级差地租存在的三个条件在我国全部都具备，城市级差地租的存在也就具有客观必然性。

无论农用地还是城市用地，都存在级差地租。由城市地理位置而形成的级差地租是城市级差地租的主要形式。因为在城市中，级差地租主要是由土地的位置决定的，土地的质量几乎不起什么作用。马克思认为级差地租Ⅱ是集约化经营的结果。城市建设用地节约集约利用，很重要的一件事就是发挥级差地租理论的价值，提高对土地的投入程度，进而提高土地的利用效益。

四、土地产权理论

马克思的土地产权理论是一个科学的理论体系，主要包括土地产权制度及其变迁理论、土地产权权能理论、土地产权结合与分离理论、土地产权商品化及土地产权配置市场化理论。

土地产权制度及其变迁理论和土地产权结合与分离理论是土地产权理论体系的基础。马克思笔下的土地产权，是指由终极所有权及所有权衍生出来的占有权、使用权、处分权、收益权、出租权、转让权、抵押权等权能组成的权利束。所有的土地产权权能既可以全部集中起来，由一个产权主体行使，又可以从中分离出一项或几项权能，独立运作。马克思考察了土地产权结合、分离及独立运作的不同情况，主要分为三种典型形式：一是终极所有权、占有权、使用权等权能合而为一，只存在一个土地产权主体；二是在土地私有产权制度下，土地产权中的一项或几项权能与土地终极所有权相分离并独立运作；三是在土地公有产权制度下，土地终极所有权与使用权、占有权的分离（洪名勇，1998）。人类生产和生活离不开土地，要使用土地，就必须首先取得土地的有关权能，这就使得这部分权能很容易被当作一种商品来进行交易；而且商品经济的发展和土地有关权能的有偿使用的深入及普遍化，实际上已经表明了土地产权的商品化（洪名勇，1998）。土地产权商品化理论为土地产权配置市场化提供了理论基础。马克思认为，由于土地不能移动，土地市场配置的实质是土地产权的市场配置，土地产权可以"借助于商品的各小部分的所有权证书，商品能够一部分一部分地投入流通"。同时，由于地租的作用，土地产权不仅丧失了不动产的性质，而且"变成一种交易品"进入市场，通过市场机制与其他财产进行优化重组。

因此，根据土地产权理论，只有明确界定土地产权关系，促使产权主体独立化和真实化，形成各利益主体之间在经济、法律和利益方面内在的约束机制，土地资源的优化配置才具备了必要的前提条件，为推进区域土地资源集约利用提供内在动力。

五、土地承载力理论

土地承载力研究兴起于 20 世纪中叶，至 80 年代以后，以土地—粮食—人口关系为主的土地承载力研究对全球和区域经济、社会可持续发展做出了积极贡献。早期的土地承载力研究，首先是与生态学密切相关的。早在 1921 年，帕克和伯吉斯就在有关人类生态学研究中，提出了承载力的概念。土地承载力概念大多是对生态学上承载力定义的直接延伸，较有影响的研究是威廉·福格特的《生存之路》，他认为地球上适宜耕种的土地是有限的，即使这些有限的土地，由于世代滥用，生产能力也下降许多，由此断言，地球上土地的负载能力已达极限，耕地太少，已容纳不了现存的世界人口数量，这就是"世界人口过剩论"。70 年代以后，人口、粮食、资源、环境等全球性问题日甚一日，在人口急剧增长（主要是发展中国家）和需求迅速扩张（主要是发达国家）的双重压力下，以协调人地关系为中心的承载力研究再度兴起，并已从土地扩展到整个资源领域。1986 年 9 月，由中国科学院自然资源综合考察委员会主持中国土地资源生产能力及人口承载量研究项目，提出土地资源承载能力可以表述为在未来不同时间尺度上，以预期的技术、经济和社会发展水平与此相适应的物质生活水准为依据，一个国家或地区利用其自身的土地资源所能持续稳定供养的人口数。

随着研究领域的不断延伸和扩展，现今，土地承载力不仅仅是指人口承载力，而是趋向于综合承载力的研究。土地资源综合承载力是指在一定时期、一定空间区域和一定的经济、社会、资源、环境等条件下，土地资源所能承载的人类各种活动规模和强度的限度。土地资源不仅仅是指耕地，还包括建设用地在内；承载对象不只是人口，还包括人类的各种经济、社会活动，如承载的城市建设规模、经济规模、生态环境质量等。

城市建设用地主要有住宅用地、工业用地、商服业用地、交通用地、公共设施用地等几种类型，他们共同承载着城市的全部设施和活动。城市建设用地利用越集约，土地的综合承载力越大。从某种意义上说，城市土地承载力与城市建设用地节约集约利用是反向的两个概念，城市建设用地节约集约利用程度过大时，城市土地承载力就会突破平衡状态；反之土地承载能力适中时，集约利用程度或许偏低，所以能达到承载力和集约利用程度两者的平衡点是城市发展的较理想状态。如图 2-1 所示。

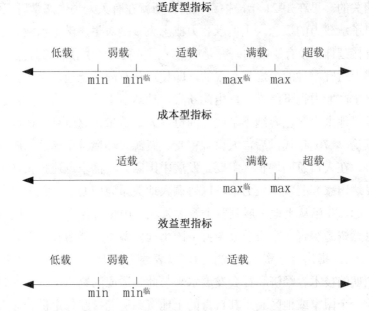

图 2-1　土地集约利用指标承载状态划分示意图

六、可持续发展理论

回顾 20 世纪人类发展的历程可以发现，地球上发生了三种影响深远的变化：一是人类物质文明高度发达，二是人口的过度增长，三是生态环境遭受严重破坏。由于对自然资源的过度开发以及污染物的大量排放，导致了全球性的资源短缺、环境污染和生态破坏，严重影响了人类的生活质量。在人口急剧增长、资源不断消耗、环境日益恶化的背景下，20 世纪 70 年代，以保护自然为基础，与资源和环境承载力相协调发展的可持续发展被提到了战略的高度。1992 年联合国环境与发展大会以后，实现可持续发展便成为世界各国政府之间的共同承诺。不论是发达国家还是发展中国家，人们对可持续发展的提出和实施均表现出强烈的认同感。随后提出了判断土地可持续利用评价的五个标准：有利于保持和提高土地的生产能力，有利于降低生产风险的水平，有利于保护自然资源潜力和防止土地与水质的退化，经济上的可行性，社会可以接受的土地利用方式。

努力寻求一条人口、经济、社会、科技、环境和资源相互协调的可持续发展道路，是人类未来发展的自身需要和必然选择。当前，我国经济社会发展已进入以调整结构、提高效益为主要特征的新的发展阶段，如何实现城市建设用地的可持续利用，是一个涉及众多因素，并兼顾经济、生态、社会等各方效益的系统工程。本书针对城市建设用地利用的具体问题，寻找城市建设用地可持续利用的客观规律，探讨城市建设用地可持续利用的管理机制、决策机制、法律机制等可持续利用支撑体系。可持续发展理论既是城市建设用地合理利用的重要概念，也是城市建设用地节约集约利用的指导思想和总目标。

第二节　启示与借鉴

一、思想启示

1. 区位理论要求合理确定土地利用布局

区位理论是关于人类社会经济活动的空间分布及其相互关系的学说，旨在研究人类社会经济活动的空间法则和规律，是城市建设用地节约集约利用研究中的一个主要指导理论。

根据区位理论，工业、住宅等功能不同的土地在城市不同的空间布局上产生的经济效益存在巨大差异（杨伟，2007）。正是由于这些差异的存在，促使土地开发利用者会想方设法占据城市中的优越地段，以获取更多的经济收益。同时，区位理论对城市第二、三产业用地的布局具有最直接的影响，决定着城市土地集约利用的效果和水平，从某种程度上说，城市土地利用的实质是对土地区位的利用（周建永，

2006）。因此，根据具体的经济活动和具体的地点，仔细考虑当地影响区位活动的各种因素，如气候、地形、土壤、水源等自然因素，市场、交通、政策、劳动力的数量和质量等社会经济因素，合理确定城市土地利用布局，以促进土地的节约集约利用，并获得最优的社会经济效益。

2. 土地报酬递减理论要求寻求土地最佳集约度

土地集约利用是社会经济发展的必然趋势，土地报酬递减规律为合理进行土地集约利用，选择土地利用的最佳集约度提供了重要的理论依据与实现途径。在城市建设用地利用中，往往用容积率的高低反映土地的集约程度。因为在通常情况下，单位土地的投入越多，容积率也越高，土地的经济效益（用地价表示）也不断上升。但是，单位土地的投入和容积率提高取得的经济效益是有一定限度的，土地开发强度一旦超过这个界限，土地总收益也遵循土地报酬递减规律反而下降。因此，集约利用土地，主要是针对我国城市长期以来普遍不重视土地效益、热衷于外延式发展的粗放型利用方式而言的，但决不是提倡集约度愈高愈好。集约利用土地的科学内涵，不是在寻找最高集约度，而是要找寻最优集约度或最佳集约度，即如何使城市建设用地的经济效益与环境效益、社会效益都能够同时得到提高，而不是此消彼长、顾此失彼。

3. 级差地租理论要求提高土地利用水平

级差地租理论是城市建设用地集约利用研究的重要基础。一方面，级差地租促进了城市建设用地集约化水平的提高，土地结构得到优化。由于城市土地的区位和交通便捷度的不同，不同用地类型对于地租的敏感度也不同，因此不同用地类型在同一地段产生的经济效益也不同。例如，一般商业用地位于城市中心位置，往往地租较高，而工业用地处于城市郊区，在市场竞争条件下，商业用地通常向市中心集聚，工业用地则向市郊迁移。在此过程中，土地集约度在这样一个集聚过程中得到提高，土地结构进一步优化，区域内建设用地集约化水平得到提升。另一方面，不同规模城市的级差地租不同，大城市的高价地租使占地面积大、生产效益低的企业逐渐被淘汰，促使产业用地向着单位面积产出效益更高的方向发展，使城市建设用地更加集约化。

为了促进城市土地资源的合理利用和优化配置，使土地利用的经济效益达到最佳，必须应用经济杠杆对其加以调节和控制。要追求土地效益最大化，必须通过改变土地利用条件，如增加投入强度、完善交通配套设施等，调整土地利用结构、提高土地经济效益，最终实现土地的集约化经营。

4. 土地产权理论要求建立城乡统一的土地市场

土地产权理论是土地市场的基础，市场机制是节约集约用地的内在动力，推进土地资源市场化配置，需明晰土地产权，建立完善的土地产权制度。按照马克思的土地产权理论分析，我国的土地所有权主体模糊，目前行政划拨与出让并存的双轨制以及大量土地以协议方式出让，不仅导致土地利用不集约，也出现土地寻租，大量土地收入落入少数官员和房地产商囊中。而且，我国农村土地产权的残缺导致了城乡二元土地制度。在城乡土地二元体制之下，集体土地不能像城市国有土地一样直接进入市场，必须先由政府"低价征用"，然后才可以由政府进行出让开发，这"一征一出"为政府提供了极大的增值牟利空间（贾艳慧，2010）。在强大的利益驱动下，往往会导致土地的过度供给和浪费。

因此，为了促进城乡土地市场的统一发展，缩小城乡发展差距，首先要根据土地产权理论进行我国土地产权制度改革，明晰土地产权，积极引导集体土地使用权有序流转，促进闲置或低效用地的整理、复垦、盘活，大大提高土地的集约化程度和土地经济效益，同时还有利于土地、人力等资源向工业、城市的转移，建立公正、公开、公平的城乡统一的土地市场。

5. 土地承载力理论要求寻找最佳节约集约利用方式

随着城市地理、区域规划、可持续发展等研究领域的发展，城市土地质量和利用程度也受到更多的重视，当前城市承载力（不仅是城市土地承载力）成为城市规划管理中普遍提及的理念。

一方面，根据土地承载力理论，由于城市土地系统的组成物质在数量上有一定的比例关系，在空间上有一定的分布规律，所以它对人类活动的支持能力有一定的限度，即城市土地节约集约利用有一定的限度。这要求我们在城市土地资源可承载的最大能力的范围内寻找最佳节约集约利用方式，不能无限提高土地的节约集约度。另一方面，按照城市土地承载力理论，通过加强生态环境的建设，提高土地承载力，可以改变土地节约集约利用的上限，为进行一步节约集约利用土地奠定基础。

6. 可持续发展理论要求促进土地的可持续利用

土地作为一种数量有限的自然资源，有着位置固定、不可替代的特殊性，人们在开发利用中，必须坚持可持续发展的思想，在满足当代发展的需求下，以不损害下一代的需求作为前提，制定土地资源开发利用的策略和方针，合理高效地利用土地（王绍艳，2007）。集约利用土地，不仅能够减缓城市外延扩展的速度，还可以提高土地的使用效率，从而达到节约土地资源和保护耕地的目的。同时，土地集约利用能够促使土地往可持续利用方向发展，在提高土地集约利用水平的过程中，既要关注土地的经济效益和社会效益，使其达到效益最大化，也要注重土地利用的生态效益，以达到土地经济效益、社会效益和生态效益的有机结合，实现土地可持续利用。

二、思路借鉴

基于上述土地理论对城市建设用地节约集约利用的启示，对节约集约制度体系建设的借鉴之处主要有强化约束机制、完善市场配置机制、完善评价考核和监督机制。

1. 强化约束机制

一是建立"多规合一"的规划管控制度。在国家和省级层面，以国土规划为主体，通过土地利用总体规划和城乡规划逐级落实，逐步建立类型精简、功能明晰、相互衔接、统一高效的国土空间规划体系。市县层面实施土地利用总体规划、城乡规划等"多规合一"，加强规划对节约集约用地的管控作用。二是建立差别化的土地利用调节制度。改进土地计划管理，针对不同的区域，根据其城市发展特点和经济发展条件，制定差别化土地利用计划和土地供应政策，强化供应调节作用。三是建立全行业的建设用地标准控制制度。提高建设用地使用标准，健全建设用地标准体系。重新审核现行的各类工程项目建设用地标准，尽快编制公共设施、公益事业和其他行业建设用地标准。通过以上各项制度的约束作用，促进城市建设用地的节约集约利用。

2. 完善市场配置机制

一是通过不断完善土地产权制度，建立城乡统一市场的土地资源配置制度，使土地产权主体能够拥有明确的利益预期，并根据土地供求关系和价格做出合理的决策。充分发挥市场对土地资源配置的基础性作用，优化土地资源的配置状态，不断提高土地的节约集约利用水平。二是调整完善相关税制，建立基于不同环节的税费调控制度。完善土地取得、保有和转移环节税收管理，对闲置土地和空闲土地增设闲置土地税。通过以上制度设计，发挥市场配置国土资源的基础性作用，实现土地最佳配置和可持续发展的需要。

3. 完善评价考核和监督机制

一是建立多尺度的节约集约利用评价制度。开展项目、功能区、区县、城市四个层面的节约集约利用评价工作，将评价成果应用于政府资源分配、政策制定与绩效管理过程中，以达到对有限城市土地的合理、有序、节约集约利用，促进城市的合理开发与健康可持续发展。二是建立基于行政体系的效绩考核制度。科学设定政府节约集约用地考核目标，以目标为导向，构建多层次的节约集约利用评价体系，定期开展评价工作。将节约集约用地考核纳入政府国土资源管理目标责任制，进一步完善内容，改进方法，严明赏罚，并与实行问责制紧密结合起来，把责任落到实处。三是建立双管齐下的土地利用监测监管制度。以供地计划为依据，以遥感监测为手段，对土地供应总量、布局、结构、价格和开发利用情况实行全面监管；以建设项目开工、竣工、土地用途改变、土地闲置、土地开发利用强度为重点，开展动态巡查；实行土地开发利用信息公开，发挥社会监督作用。通过以上制度设计，逐步提高地方政府节约集约用地意识，加强节约集约用地政策的落实，推进形成全社会节约集约用地的氛围。

第三章 国内外研究综述

第一节 我国制度体系建设沿革与发展

一、国家的统一部署

我国政府历来十分重视土地节约集约利用。新中国成立后的第一部土地法规《中央人民政府政务院关于国家建设征用土地办法》明确规定，凡征用土地，均应本着节约用地的原则（杜明军，2012）。纵观我国城市建设用地节约集约利用制度体系的发展情况，可以将其大体分为萌芽阶段、初步形成阶段和逐步建立阶段。

1. 制度体系萌芽阶段（2004 年之前）

1988 年第七届人大第一次会议通过的宪法（修正案）规定"土地使用权可以依照法律规定进行转让"，标志着我国城市土地使用权可以入市流转。同年《中华人民共和国印花税暂行条例》（国务院令第 11 号）和《中华人民共和国城镇土地使用税暂行条例》（国务院令第 17 号）分别规定印花税、城镇土地使用税开始征收。

1990 年，国务院出台《城镇国有土地使用权出让和转让暂行条例》（国务院令第 55 号），确立了城镇国有土地使用权出让、转让制度。1993 年《中华人民共和国企业所得税暂行条例》（国务院令第 137 号）和《中华人民共和国土地增值税暂行条例》（国务院令第 138 号）、1997 年《中华人民共和国契税暂行条例》（国务院令第 224 号）分别规定企业所得税、土地增值税、契税开始征收。

1995 年实施的《城市房地产管理法》，进一步对经营性土地出让实行招标、拍卖等竞争性方式，提出了明确要求。1996 年 5 月，国务院发布《中华人民共和国城镇国有土地使用权出让和转让暂行条例》，明确了土地使用权转让的内涵、土地使用权出租和抵押的基本规则，为我国土地转让市场的发展提供了法律保障和制度前提（刘小玲，2005）。

1998 年第九届全国人大常委会第四次会议通过新修订的《土地管理法》，确立了社会主义市场经济体制下城市土地利用规划、土地用途管制、耕地保护、建设用地管理以及土地使用制度改革的基本规范（李学明，2010）。

1999 年 2 月国土资源部颁布了《土地利用年度计划管理办法》（国土资源部令第 2 号），有效地促进了土地利用总体规划的落实。1999年 8 月《新增建设用地土地有偿使用费收缴使用管理办法》（国土资源部财综字〔1999〕117 号）规定我国新增建设用地土地有偿使用费开始征收。同月，《规范国有土地租赁若干意见》（国土资发〔1999〕222号）将国有土地租赁规定为国有土地有偿使用的一种方式，并明确了国有土地租赁的适用范围等。1999 年国土资源部还在 9 个试点城市部署开展了第一批城市节约集约用地评价试点工作。

2001～2003 年针对土地市场中的不良现象，国家颁发了《划拨用地目录》（国土资源部令第 9 号）、《关于整顿和规范土地市场秩序的通知》（国土资发〔2001〕174 号）、《招标拍卖挂牌出让国有土地使用权规定》（国土资源部令第 11 号）以及《关于加大工作力度进一步治理整顿土地市场秩序的紧急通知》（国发明电〔2003〕7 号）等一系列文件，从划拨用地范围、整顿和清理土地市场、国有土地使用权出让方式以及城镇土地与农用地分等定级和估价工作等方面做出明确规定，为构建合理公平的节约集约用地市场提供了保障。

2. 制度体系初步形成阶段（2004 年至 2011 年）

2004 年国务院《关于深化改革严格土地管理的决定》（国发〔2004〕28 号）中系统地提出了"加强土地利用总体规划、城市总体规划、村庄和集镇规划实施管理，完善征地补偿和安置制度，健全土地节约利用和收益分配机制，建立完善耕地保护和土地管理的责任制度"等深化节约集约利用土地的各项措施，标志着我国城市建设用地节约集约利用制度体系逐渐开始形成。

2004 年 3 月，国土资源部、监察部联合下发《关于继续开展经营性土地使用权招标拍卖挂牌出让情况执法监察工作的通知》（监察部国土资发〔2004〕71 号），要求在全国范围内全面推行并严格执行经营性土地使用权招标拍卖挂牌出让制度，并对历史遗留问题处理期限做出明确规定。2004 年 8 月，《土地管理法》（中华人民共和国主席令第 28 号）对土地出让金的使用范围做出了明确的规定，土地出让收入主要用于征地与拆迁补偿支出、土地开发支出、支农支出和城市建设支出等。2004 年 10 月，《国务院关于深化改革严格土地管理的决定》（国务院令第 28 号）要求对新增建设用地土地有偿使用费减免和欠缴情况进行限期追缴。2004 年 11 月，《工业项目建设用地控制指标（试行）》（国土资发〔2004〕232 号）发布，标志我国开始逐渐建立建设用地使用标准制度。同年，国土资源部会同中国土地勘测规划院、北京大学开展了全国土地利用规划修编重大专题《节约与集约利用土地研究》，为我国城市建设用地节约集约利用制度的建立开了个好头。

2006 年，针对普遍存在的工业用地实行协议出让，各地压低地价、低成本工业用地过度扩张现象，《国务院关于加强土地调控有关问题的通知》（国务院令第 31 号）明确提出，"各地应提高新增建设用地土地有偿使用费缴纳标准"，把工业用地也纳入招标拍卖挂牌出让范围，实行市场配置。同年，《关于发布实施〈限制用地项目目录（2006 年）〉和〈禁止用地项目目录（2006 年）〉》（国土资发〔2006〕296 号）的通知和《关于发布实施〈全国工业用地出让最低价标准〉的通知》（国土资发〔2006〕307 号）等文件的发布，表明我国已基本形成较为完善的土地使用标准体系，同时，一些地区结合自身实际编制了各类土地使用标准，如北京、江苏、辽宁、江西、陕西等省市陆续发布实施了高等教育、保障性住房、仓储等地方工程项目建设用地控制标准。

2007 年 1 月，国务院为加大土地保有成本、促进节约集约用地，颁布《国务院关于修改〈中华人民共和国城镇土地使用税暂行条例〉

的决定》（国务院令第 483 号），要求提高城镇土地使用税税额标准，将每平方米年税额在 1988 年暂行条例规定的基础上提高了 2 倍。同时国家规定从 7 月 1 日起外商投资企业、外国企业和在华机构的用地也要征收此税。2 月，《国家税务总局关于房地产开发企业土地增值税清算管理有关问题的通知》（国税发〔2006〕187 号）对土地增值税的征收范围、方式、标准都重新进行了规定，同时加大了对房地产行业的限制作用，如果项目开发的速度越慢、土地囤积的时间越长，企业就会支付越多的税款。此外，同年实施的《物权法》，明确规定工业、商业、旅游、娱乐和商品住宅等经营性用地以及同一土地有两个以上意向用地者的，应当采取招标、拍卖等公开竞价的方式出让。

　　2008 年 1 月，《关于促进节约集约用地的通知》（国发〔2008〕3 号）要求建立土地节约集约利用考核制度，制定单位 GDP 和固定资产投资规模增长的新增建设用地消耗考核办法，实行上一级对下一级政府的分级考核，并将未利用地纳入建设用地控制指标，实施控制农用地转用计划和控制新增建设用地计划的双重控制，进一步强化了土地利用计划调节制度（杜明军，2012）。同月，《工业项目建设用地控制指标》（国土资发〔2008〕24 号），会同住建部和相关行业主管部门，发布实施了电力、石油天然气、煤炭、铁路、民航、公共图书馆等工程项目建设用地指标。7 月，国土资源部发布了《关于开展开发区土地集约利用评价工作的通知》（国土资发〔2008〕145 号），要求各省（区、市）国土资源行政主管部门开展本行政区域内的各级各类开发区土地集约利用评价工作，同时下发《开发区土地集约利用评价规程》（试行）作为技术指南。结合 2008 年第一轮评价工作中存在的问题，国土资源部对原规程进行了补充、修改和完善，增加了评价工作的内容和要求，分别于 2010 年、2012 年开展了开发区土地集约利用评价成果的更新工作，建立了每两年更新一次评价成果的定期评价制度。11 月，监察部等五部门联合印发《关于继续开展国有土地使用权出让情况专项清理和检查工作的通知》（监发〔2008〕6 号）要求继续组织开展国有土地使用权出让专项清理和检查，并重点对有偿使用方式的操作规范等执行情况进行清理。同月，国土资源部出台行业标准《建设用地节约集约利用评价规程》（TD/T 1018—2008）规范了建设用地节约集约利用评价。此外，自 11 月起国家对个人销售和购买住房的行为暂免征印花税，用以鼓励居民进行房地产消费，抑制囤地浪费行为。

2009 年 2 月《土地利用总体规划编制审查办法》（国土资发〔2009〕43 号）的发布对土地利用总体规划编制审查做出明确规定。3 月，国土资源部、国家发改委、国家统计局联合发布《单位 GDP 和固定资产投资规模增长的新增建设用地消耗考核办法》（国土资发〔2009〕12 号），单位 GDP 和固定资产投资规模增长的新增建设用地消耗指标被纳入省（区、市）人民政府综合评价考核体系中。9 月，《国务院关于促进节约集约用地的通知》（国发〔2008〕3 号）首次规定了相对严格的闲置土地收费标准，对于土地闲置满 2 年的，将依法无偿收回或者重新安排使用；对于土地闲置满 1 年不满 2 年的，开发商需按出让或划拨土地价款的 20%交纳土地闲置费；另外，国土资源部将对闲置土地征缴增值地价。

2010 年 6 月，为了进一步推进节约集约利用，国土资源部在全国启动了国土资源节约集约模范县（市）创建活动，掀起了国内互相学习节约集约新做法、新模式的热潮，节约集约逐步成为社会共识，在典型示范引领、凝聚社会共识、资源高效利用、推动转型升级等方面发挥了重要作用。2011 年 1 月，国务院在《国务院关于废止和修改部分行政法规的决定》（国务院令第 588 号）中，对印花税的计税依据和税率做出了新的规定。同年，国土资源部部署了第二批城市土地节约集约利用评价试点工作，该工作涵盖北京、天津、石家庄等 16 个省会城市（直辖市）。

3. 制度体系逐步建立阶段（2012 年至今）

2012 年国土资源部《关于大力推进节约集约用地制度建设的意见》（国土资发〔2012〕47 号）中首次提出"规划管控、计划调节、标准控制、市场配置、政策鼓励、监测监管、考核评价、共同责任"八项制度，标志着我国城市建设用地节约集约利用制度体系进入完善阶段。

2012 年 2 月，在"首届国土资源节约集约模范县（市）"荣誉表彰大会上，国土资源部提出，创建活动试点县（市）要把资源节约集约利用纳入地方发展战略和规划，落实到对各级领导班子绩效管理和干部绩效考核指标体系。同月，为落实《中华人民共和国国民经济和社会发展第十二个五年规划纲要》中"单位国内生产总值建设用地下降30%"的节约集约利用土地目标，国土资源部下发《关于落实单位国内生产总值建设用地下降目标的指导意见》（国土资发〔2012〕24号），将目标在省级范围内进行分解，同时要求各省将省级的目标分解到各市、县，并出台相应的配套政策和措施，建立下降目标的年度评估制度，评估结果上报国土部。5月，国土资源部发布实施了新的《限制用地项目目录（2012年本）》和《禁止用地项目目录（2012年本）》。7月，国土部《闲置土地处置办法》（国土资源部令第53号）重新定义了闲置土地概念，将大大减少囤积土地升值的利润，持有大量土地储备的开发商必须加速开发，这将一定程度上缓解供给的不足，并促使这类开发商在近几年加速释放利润。同时，该政策可促使开发商未来更理性地购买土地，平抑过快上涨的地价。9月，国土资源部发布《关于严格执行土地使用标准大力促进节约集约用地的通知》（国土资发〔2012〕132号），从严执行和不断完善土地使用标准、明确其审查内容和使用环节、加强其执行的监管、评价等方面做出规定，作为今后较长时期内土地使用标准管理工作的政策依据和制度规范。同年第三批城市土地节约集约利用评价试点工作开展，涵盖了沈阳、长春等14个省会城市（直辖市）。

2013年全国土地市场及节约集约利用管理工作座谈会召开，对下一步节约集约利用制度体系建设的内容进行了安排部署。同年还开展了第四批城市土地节约集约利用评价试点工作，涵盖了山西原平、江苏昆山、湖南资兴等20个小城市。

2013年国土资源部充分借鉴和吸收地方成功经验，出台了《节约集约利用土地规定（草案）》（征求意见稿），该规定（草案）从规模引导、布局优化、标准控制、市场配置、盘活利用、监督考评和法律责任等8个方面对土地节约集约利用的制度进行了归纳和提升，将原本较分散的规定做了系统梳理。2014年6月，《节约集约利用土地规定》

（国土资源部令第 61 号）出台，为今后国土资源节约集约利用制度建设和实践提供了重要的支撑。

2014 年 2 月，为更加全面准确地反映开发区土地集约利用状况，国土资源部出台《关于开展 2014 年度开发区土地集约利用评价工作的通知》（国土资厅函〔2014〕143 号），对相关技术标准进行了修订，将开发区评价调整为 1 年 1 次更新，3 年 1 次全面评价。

二、地方的探索创新

在国家的统一部署下，各地结合地方实际纷纷出台有关节约集约利用的政策文件，同时也积极进行各种尝试和探索，积累了很多好的经验和做法。

1. 广东省

省级层面上，建立用地监管体系，开发建设了广东省土地市场动态监测与监管系统，在全国率先将批后征地实施情况纳入监管内容，实现用地报批、征地、供地到开发利用的全程监管；建立考评激励机制，将节约集约用地考核、"三旧"改造等一并纳入耕地保护责任目标履行情况进行考核，将"单位建设用地第二、三产业增加值"作为《珠江三角洲地区改革发展规划纲要》目标考核指标，对节约集约用地、"三旧"改造、耕地保护等工作成绩突出的市、县予以奖励；统筹推进"三旧"改造，在《关于推进"三旧"改造促进节约集约用地的若干意见》（粤府〔2009〕78 号）中规定，依据"三旧"改造规划，制定年度实施计划，明确改造的规模、地块和时序，并纳入城乡规划年度实施计划，进一步优化了城市功能布局，促进了产业转型升级。

市（县）级层面上，广州市探索规划编制模式，在《中共广州市委广州市人民政府关于加强规划引领节约集约用地的实施意见》（2012 年）中明确"探索建立助村规划师、村规划理事会等制度，创新'村民做主、政府服务、技术支持'的村庄规划编制模式"等，对有效提高规划编制合理性提供了参考。深圳市提出缩减土地出让金优惠政策的范围，避免低地价导致的土地粗放利用，并通过地价手段促使新建工业用地高强度开发利用和旧工业用地追加投资、转型改造、提高容积率。东莞市提出全面提高房地产开发的土地增值税预征率，普通住宅由此前的 1.5%上调到 2%，洋房豪宅、别墅和商用物业房则上调到 3%。土地增值税的上调，使手上有待开发土地的开发商直接受到冲击，开发商会权衡其中的利弊，若始终处于待开发状态，无形中会造成成本的增加，从而导致利润空间的缩小。而如果尚未开发便转让，预征率还会调高至最高的 5%，从一定程度上抑制了囤地闲置行为。

2. 广西壮族自治区

广西壮族自治区专门制定了针对其省内产业园区用地的控制指标，在《广西壮族自治区人民政府关于印发广西壮族自治区产业园区节约集约用地管理办法的通知》（桂政发〔2011〕59 号）中规定，入园项目在签订《出让合同》时要明确项目固定资产投资强度、建筑容积率、建筑系数、绿地率和企业内部行政办公及生活服务设施用地比例必须达到《广西壮族自治区产业园区用地控制指标》规定的标准，有效地提高了省内产业园区的节约集约用地水平。

3. 浙江省

省级层面上，在推进低效土地利用方面，颁布《关于推进低效利用建设用地二次开发的若干意见》（浙政发〔2012〕35 号）规定，制定低效利用建设用地二次开发实施方案，编制年度实施计划，稳妥有序推进二次开发工作。在税费方面规定，污水、垃圾、污泥收集和处理企业，可免征城镇土地使用税；新认定的高新技术企业，自新办之日起 1～3 年内，可免征城镇土地使用税；创意文化产业基地，可酌情减征城镇土地使用税；对属于省级鼓励发展的企业，同时落在产业集聚区内的，自新认定之年度起 1～3 年内给予城镇土地使用税的减免照顾；针对省服务业重点企业，在 2 年内对其新增加的用地给予减免城镇土地使用税的优惠。

在"空间换地"方面，颁布《浙江省人民政府关于实施"空间换地"深化节约集约用地的意见》（浙政发〔2014〕6 号）规定，对符合产业导向的战略性新兴产业、先进制造业等优先发展且用地集约的项目，土地出让底价可以给予优惠；工业用地土地出让合同履约保证金可按土地成交总价的 10%～20%收取，其他项目也可按照一定比率或定额收取；企业提高现有工业用地容积率的，不增收土地价款，并减免相应的城市基础设施配套费，可适当减免房产税；对新增工业用地，经批准建设厂房面积高于容积率控制指标的部分，不增收土地价款；对在现有工业用地上新建或将原有厂房改造后容积率超过省工业项目建设用地控制指标 40% 以上的，各地可给予一定的奖励或补助；将地下空间用于商业、办公、娱乐、仓储等经营性用途的，地下首层部分土地出让金可按所在地基准地价对应用途楼面地价的 20% 以下收取，并逐层递减，地下三层以下（含三层）可免收土地出让金。

市（县）级层面上，杭州市制定工业用地退出机制，在《关于进一步深化工业用地节约集约利用加强建设用地批后监管的若干意见（试行）》（杭政办函〔2007〕288 号）中规定，对用地规模较大的建设项目实行分期供地机制，对工业用地出让后十年内转让的和十年后转让的分别规定退出方式。宁波市对高科技、高效益的工业用地以及民办的文教用地的土地出让金给予适当优惠。安吉县为盘活闲置低效用地，规定对因土地闲置和低效利用而列入县政府搬迁计划、在规定期限内搬迁至县外的企业，对企业搬迁前一年度征收的城镇土地使用税（县得部分），予以全额奖励，搬迁过程中涉及的政府性收费，予以减免。绍兴县制定税收激励措施，对亩均税收、亩均产值和亩均纳税销售均达到县统一标准的工业企业，以及亩均税收和亩均纳税销售均达到县统一标准的商贸三产企业进行税收激励；激励措施按达到县统一标准和超过县统一标准 10%、20%、30% 分成 4 档，将 2009 年税额标准提高而增加的城镇土地使用税（县留成部分），按 30%、40%、50%、60% 比例分成给企业所在镇（街道）、开发区，用于对节约集约用地企业的扶持。

4. 天津市

2013 年天津市开展《建设用地使用标准修订和节约集约用地考核评价体系建设》项目，研究确定了 31 个工业行业、20 个工程类项目的建设用地使用标准，并以土地利用强度和效率为重点，建立了开发区、区县、市域差别化的建设用地节约集约利用评价体系。在建设用地使用标准和评价体系的基础上建立了建设项目用地定额管理制度和节约集约用地定期考评制度，在全国具有借鉴和推广意义。

5. 河北省

河北省为促进技术改造，规定企业购置并使用财政部、国家税务总局规定的环境保护、节能节水和安全生产等专用设备，按专用设备投资额的 10% 抵免企业所得税；企业为开发新技术、新产品、新工艺发生的研究开发费用，未形成无形资产计入当期损益的，在按规定据实扣除的基础上，按研究开发费用的 50% 加计扣除；探索土地节约集约利用考核方式，《河北省土地节约集约利用考核实施方案（试行）》（冀国土资发〔2012〕16 号）规定，对各设区市采取定量评价与当年新建产业项目用地情况抽查相结合的方式，从投资强度、产出水平、增长耗地、项目聚集度、存量建设用地再利用水平 5 个方面进行定量评价，并在各地年度供应土地中，选取 8 至 10 个已过规定开工建设日期的项目，进行用地抽样考核。

6. 山东省

莱芜市建立节约集约考核评价制度，出台《建立节约集约用地考核评价制度的通知》规定，每年对各区、省级开发区和乡镇（办事处）分别进行考核，考核内容为非农建设用地亩均税收、地方财政收入，工业项目用地亩均税收，年内工业项目亩均固定资产额、建设周期，工业项目是否按批准的容积率、建筑密度、绿地率、厂前区比例建设，是否存在违法占地等违法行为，考核结果与用地指标、政府年度综合考核结果挂钩。

临沂市探索建立国有建设用地节约集约评价考核制度，出台《国有建设用地节约集约评价考核暂行办法》规定，每年对各县区节约集约用地、动态巡查绩效进行评价考核，考核内容包括土地投入产出水平、土地投入产出增长率、土地投入产出新增建设用地消耗量、土地利用管理绩效等 4 个方面。

潍坊市建立节约集约用地奖惩制度，实行分期供地制度，分期建设的大中型工业项目可以预留规划范围，一次性办理环评、立项手续，根据其实际到位资金和建设速度分期供地；实行建设用地节约集约利用考核制，对全市建设用地节约集约利用情况进行动态考核，考核结果作为对县市区、开发区科学发展综合考核的依据，同时作为下达土地利用年度计划的依据之一；实行供地率考核，供地率达不到要求的，不再批准新的农用地转用和土地征收，并相应核减年度用地计划。

7. 山西省

省级层面上，实行节约集约利用考核制，一是出台了《山西省单位 GDP 和固定资产投资规模增长的新增建设用地消耗考核办法》，在国土资源部要求的基础上增加"规模以上工业单位增加值耗地率"区域位次指标对各设区市进行考核。二是颁布了《建设用地节约集约利用考核办法》利用亿元投入与产出耗地类、土地供应及开发利用类两大项指标，建立了年度动态评价机制。

市（县）级层面上，太原市出台《太原市人民政府关于进一步深化土地节约集约利用工作的意见》（并政发〔2011〕49 号），鼓励开发、利用地下空间，对充分开发利用地下空间的经营性活动，按同一地块地面土地使用权市场价格的 20%收取有偿使用费，确定使用权，核发国有土地使用证；积极试行建设项目用地退地机制，对现状闲置用地，因规划调整应收回土地使用权的、不符合规划的、违背合同约定的项目用地，以及工业用地出让要求改变用途转让的具体退出方式进行了规定。具体为：尚未构成闲置、用地单位无能力继续开发建设需变现的项目土地，可准予退地给予补偿；可单独开发利用的用地单位内部空闲土地，县级以上人民政府可通过协商要求用地单位退出；因城市规划调整，应终止项目、解除土地出让合同并收回土地使用权的项目用地；工业项目用地违反合同约定事项和达不到约定标准的，实行用地削减或政府收回用地；工业用地出让要求改变用途转让的，开发区管委会或土地储备机构为第一收购人，10 年内的按原出让价补偿，10 年后的按即时土地评估价补偿。

8. 江苏省

扬州市针对批前项目用地出台《关于促进我市工业土地节约集约利用的建议》，要求在土地出让合同中规定缴纳违约金或者建立工业项目复核验收制度、住房用地开发利用申报制度等，制约项目动工和竣工期限、节约集约用地指标以及绿地率等。苏州市针对低效工业用地，规定在对其进行调查摸底的基础上，制定企业用地回购计划，统筹推进低效用地再利用。无锡市针对企业盘活存量土地，规定利用原有厂区土地进行增资扩建或改造的，免交增加建筑面积的土地出让金。

9. 北京市

闲置土地处置方面，北京市国土资源局出台《加强闲置土地清理处置有关问题的通知》（京国土用〔2010〕181号），要求建立闲置土地查处的长效机制，对2010年以前出让的项目需逐宗建立清查台账，并制定处置方案。对2010年以后（含2010年）出让的项目，通过实地调查、小卫星调查等方式，对出让项目用地进行跟踪调查，并建立跟踪调查台账，将该工作纳入日常管理工作；建立住房用地开发利用申报制度，加强项目开竣工监管；建立房地产企业土地开发利用诚信档案，作为土地竞买人资格审查的依据，并入网上传国土部房地产用地开发利用诚信体系。

抑制囤地投机行为方面，北京市地方税务局、北京市住房和城乡建设委员会发布《关于进一步加强房地产市场调控有关税收问题的公告》（2011年第5号），将房地产项目土地增值税预征率由原来的1%～2%提高到2%～5%。此政策将对开发商的资金流带来明显的压力，按照新的税率，北京房地产开发项目最高可能出现每平方米数千元的预征土地增值税；新的税率增加了开发商的囤地成本，也会降低其囤地的意愿。

10. 安徽省

马鞍山市出台《马鞍山市人民政府关于进一步加强节约集约用地的实施意见》（马政〔2011〕26号）提出，制定马鞍山市建设项目用地预申请会审制度，新增建设项目用地报批由用地单位向市国土资源部门预申请用地计划，任何单位、部门一律不得以任何形式擅自违规供地。做好新供地管理，《土地出让合同》和《划拨决定书》要严格约定建设项目投资额、开竣工时间、规划条件、价款、违约责任等内容，按照该约定对距开工建设日期尚有15日的建设项目，市国土资源部门要对项目单位发出《建设项目开工督促函》，同时实行新供地项目供后监管月报告制度，市国土资源部门要按"未建、场地平整、开挖基坑、基础施工、结构封顶、竣工、投产"等类型汇总统计，每月上报督查报告。实行县区、开发园区闲置土地清理"行政首长负责制"，建立闲置、低效用地"收回（购）"和"退出"机制。对已具备开工条件的必须限期开工。对暂不具备开工条件的，项目主体单位必须向市国土资源部门和所在地园区作出说明并承诺具体开工时限，承诺时限不得超过1年。对不承诺开工时限或开工无望的项目，其土地闲置满2年，依法应当无偿收回的，坚决无偿收回，重新安排使用。不符合法定收回条件的，采取等价置换方式，安排其他项目使用或纳入政府储备等途径处置。土地闲置满1年不满2年的，按出让或划拨土地价款的20%征收土地闲置费。对闲置土地特别是闲置的房地产用地要征收增值地价。

11. 福建省

省级层面上，提高工业用地出让最低价标准，除重点产业项目外，对其他一般性的工业项目，按《全国工业用地出让最低价标准》提高20%土地出让底价的基础上再予适当提高；鼓励"零地招商"，盘活存量土地。对符合规划和安全要求、不改变用途，在原有建设用地上进行厂房加层改造，增加用地容积率的，不再增收土地价款，免收城市基础设施配套费用；积极引导使用地下空间，规定地下空间建设用地使用权出让价格可低于所在地同等别用地出让最低价标准。对已取得海域使用权填海形成的工业项目用地，不再缴纳土地出让金。

市（县）级层面上，厦门市实施新修订的基准地价，除提高工业用地价格标准外，还鼓励工业项目用地提高容积率，将工业用地的标准容积率定为1.5，项目建设容积率越低，土地出让金价格越高；出台《厦门市人民政府批转市政府节能办关于厦门市单位GDP能耗考核体系实施办法及考核办法部门责任分解表的通知》（厦府〔2008〕102号），实行单位GDP能耗考核体系实施办法及考核办法，并将考核指标进行责任分解。

12. 新疆维吾尔自治区

新疆维吾尔自治区人民政府出台《关于减免土地出让金和新增建设用地土地有偿使用费有关问题的通知》（新国土资发〔2013〕40号），

明确对利用戈壁荒滩等国有未利用土地的，将予以减免新增建设用地土地有偿使用费和土地出让金。具体规定为：在对口支援受援地区城镇建设用地范围外，使用戈壁荒滩（林地、草地除外）建设产业集聚园区、引进产业项目和实施安居富民、定居兴牧、保障性住房、公共基础设施等民生工程的，对取得新增建设用地的县（市）人民政府一律免收新增建设用地土地有偿使用费；在对口支援受援地区城镇建设用地范围外，使用戈壁荒滩（林地、草地除外）建设产业集聚园区、引进产业项目的，获得国有土地使用权的单位和个人可免缴土地出让金；在城镇建设用地范围内使用国有未利用地的工业项目，工业用地出让最低价可按所在地土地等别相对应《全国工业用地出让最低价标准》（国土资源部令第 307 号）的 50%执行。

13. 海关特殊监管区

海关特殊监管区应用全国开发区土地集约利用评价成果，出台了《海关特殊监管区域退出管理办法》（试行），通过刚性约束明确海关特殊监管区退出办法，有效促进了海关特殊监管区节约集约利用水平的提升。具体规定为：海关特殊监管区域可以采取分期建设、逐步开发方式建设，但首期验收面积不得少于国务院批准规划面积的 1/3，且所有批准规划用地应当自批准设立之日起 5 年内，按照海关特殊监管区域验收标准全部完成建设并通过验收；海关特殊监管区域通过首期验收 2 年后，土地已开发利用面积占首期验收面积的比率低于 50%的，应当予以通报整改。通报整改 1 年后没有达到上述要求的，未通过验收的土地应当提请退出。

三、取得的成效与不足

1. 成效

（1）建设用地总量得到有效控制

土地利用总体规划中划定土地用途管制分区、土地利用分区的有效落实，从土地利用布局上有效地控制了建设用地扩张。年度计划中新增建设用地指标，特别是新增建设用地占用耕地指标的落实，从土地利用数量上控制了建设用地的增长。绩效考核制度的实行，又有效地促进了土地利用规划和土地利用计划的落实。自《全国土地利用总体规划纲要（2006~2020 年）》批准实施以来，控制和引导土地利用的成效日益显现。如图 3-1 所示（资料来源：2013 年中国国土资源公报），2009~2012 年全国耕地面积减少的趋势逐渐减缓，可见我国圈地和乱占耕地的势头得到遏制，耕地保护得到进一步强化，农民利益得到维护，建设用地无序扩张的趋势得到抑制。

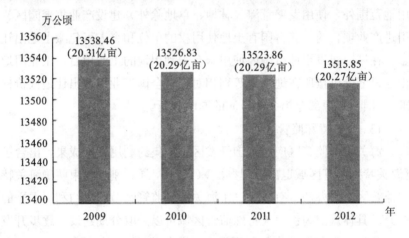

图 3-1　2009~2012 年全国耕地面积变化情况

（2）促进经济的良性增长

随着我国土地资源市场化配置程度的逐渐提升，市场效率不断凸显。招拍挂制度在全国全面推行，市场秩序不断规范，加上存量土地不断得到利用，对不符合国家产业政策、发展规划和市场准入标准的项目不予供地，有效制止了部分行业盲目投资和低水平扩张，推动了经济增长方式由过去占用大量土地资源为代价的粗放型向集约型转变。

（3）建设用地使用效率逐步提升

税费调控措施在未利用地开发、产业结构调整、节约集约用地指标约束、闲置土地盘活再利用以及土地投机行为抑制等方面的应用，城中村改造、旧城改造、闲置土地处理等一系列实践工作的落实，开发区集约利用评价、城市建设用地节约集约利用评价规程、新增建设用地消耗考核、单位国内生产总值建设用地下降评估办法等规程规范的出台实施，工业项目建设用地控制指标、限制用地项目目录和禁止用地项目目录以及全国工业用地出让最低价标准的颁布施行，均大大提升了我国建设用地使用效率。

2. 不足

（1）多种制度之间缺乏协调性、整体性

虽然目前我国已经基本形成节约集约制度框架体系，但是体系中的各个制度政策，在运用中往往主次不明，各部门对目标、重点、对象、手段等理解不一致、口径不统一等问题，造成执行上的困难。如城市规划与土地利用总体规划的一致性有待解决，计划与规划间衔接不够，绩效考核与计划指标、评价体系等制度不匹配等，均使我国制度成效大打折扣。

（2）未能从土地供给的角度引导土地需求

从土地供给的角度有效地引导需求是城市建设用地节约集约利用制度促进产业结构优化的重要途径。在不健全的节约集约利用制度条件下，土地总体规划、供应计划、供应政策以及供应模式等总体上具有"以需求定供给"的模式特征的弊端，用地需求者的主动地位形成对土地出让价格更多的话语权，导致政府的土地供给被迫顺应过度招商引资，使实际取得的用地地价明显低于市场水平成为可能，土地节约集约用地水平低下（杜明军，2012）。

第二节　国外制度体系建设经验与借鉴

一、西方发达国家的制度体系建设概述

西方发达国家并没有建立专门的节约集约利用制度体系，而是通过一系列的法律法规、政策等促进城市建设用地节约集约利用。

1. 美国

（1）土地利用规划制度

为了遏制二战后美国的郊区化浪潮，保护土地资源和生态环境，美国逐渐形成了较为完整的"精明增长"理论。美国的土地利用规划就是依据该理念制定的，内容主要包括总体规划、官方地图等。总体规划描述了地区未来发展的蓝图，包括土地利用、交通通信、住房配置、资源与环境保护、空旷地开发、噪音防治以及防灾减灾等内容；官方地图用于标明已经存在的或规划中的公共设施，主要是为未来的街道、学校以及其他公共需要预留土地。在预留区域内进行建设，必须取得地方政府的建设许可证。

规划体系分为联邦政府、州政府和地方政府三个层次，各级政府土地利用规划均为法律规定，是政府土地开发和管制的主要依据。美国的土地管理权主要属于地方政府，联邦政府通过建立"超级基金"的方式来资助、刺激和引导地方土地的开发与利用。州政府通过规划要求地方政府划定城市增长边界、土地开发时序和区位等，来控制城市规模的无序扩大，并通过土地利用管理、提供公共设施等措施鼓励在城市增长边界内以及允许发展的地区进行城市开发。

（2）土地征用制度

美国的土地征用制度主要是为公共利益使用土地而设置的，且拥有征用权的实施主体、补偿和征用程序都较为明确。土地征用权的实施主体包括联邦、州、县三级政府以及从事公益事业建设或经营的法人。征用补偿根据征用前的市场价格计算，市场价格包含被征土地的现有价值和可预期的未来价值，同时该补偿的需要通过特定的征用程序并得到土地所有者或利益方的同意才能生效。

（3）建筑总量许可控制

为避免公共设施的急速增长对地方财政造成负担，控制一定时期内，地方政府派发的建筑许可总量。建筑总量是依据科学预测未来一定时期内，人口数量和住房需求增长而确定的。

（4）存量用地再开发

第一，推行集束分区制，鼓励将住房集中布置在原有地块更小的面积上，节省出的土地面积按照社区的意愿重新利用，如设计成为一个允许所有居民通行的开敞空间，即集束区，有效减少市政工程管线的总量。第二，公共资本投资政策。将用于市政、服务设施的公共资本集中投放到旧城区内，吸引私人资本向内城转移，激活旧城区土地市场，促使城市土地再利用。第三，对因污染而暂时废弃的土地进行开发的，实施税收减免，同时政府和私人机构合作须筹集整个基金的70%，用于污染治理、污染监测及环境保险，以促进其盘活再利用。

（5）征收额外税费

为了保障社区服务设施和公共设施配套，在开发商争取所需贷款时，强制要求附带建设新增单元或出资翻修旧的住房，或出资修建经济适用房。同时对房地产开发商强制征收建设项目影响费、基础设施维修资助金等专用于公共设施建设。不仅保证了集约开发水平，还保障了现有居民和新增居民的生活质量。

2. 日本

日本地少人多，为了从根本上抑制城市盲目扩张、住宅紧张、土地大量闲置、人口过度集中等严重的问题，严格的节约集约利用土地的法律法规和政策，在日本体现得淋漓尽致。

（1）土地规划制度

日本通过法律和行政手段，将城市土地的宏观管理和微观管理相结合，形成了一个比较系统、完善的土地规划体系。该规划体系由国土综合开发规划、国土利用规划、土地利用基本规划和城市规划等构成。为确保公共事业建设所需的土地，日本制定了完备的计划，确保土地开发顺利进行。国土利用综合调整是根据各项公共事业的性质、建设地点以及计划的实施程度而进行的。

（2）控制和规范土地开发行为

为了推进城市土地的开发利用，同时不破坏生态环境，日本颁布了《森林法》《自然公园法》《自然环境保护法》《矿业法》《采石法》等法律，严格控制和规范土地开发行为，有效地保护了生态环境。日本的森林面积占国土总面积的66.7%，是世界上森林覆盖率最高的国家之一。

（3）土地交易管理制度

为了防止城市地价高涨、限制土地投机，日本制定了一系列土地政策，包括土地交易申报制、土地交易许可制、土地交易监视区制度、对不动产业者进行指导、对金融业者进行指导以及地价公示制度等。其中土地交易许可制和土地交易监视区制度是为了控制地价上涨设定的。土地交易许可制是指地方政府将投机过度、地价上涨过快的地区设定为土地限制区，在该区域任何土地交易活动必须向地方政府提交土地交易许可申请书，通过审查后方可进行。土地交易监视区制度是指地方政府将其认为地价上涨太快、影响土地合理利用的地区设立为监视区，并制定监视区土地交易规定和要求。

（4）调整土地市场

土地的保值增值功能、有限性等决定了土地价格较为昂贵，促进了房地产信贷市场的活跃，而房地产金融关系到城市居民的安居乐业，其信贷规模对房地产活动产生直接影响。日本在面临地价暴涨问题时，除了放慢国民经济增长速度外，还通过紧缩银根，促使银行对地产界的贷款采取谨慎态度。同时为抑制土地市场中的投机现象，政府对短期转让行为采取加重税收的手段，特别是所得税。日本地价在 1991 年出现了 1975 年以来的首次下跌。

3. 英国

英国在节约集约利用方面的举措较多，其中比较有特色的有以下两个方面。

（1）存量用地再利用

为了实现存量土地再开发，英国采取了多种措施。第一，不同政府部门开展合作联合开发全国土地利用数据库，用于获取英国土地利用程度和分布的详细信息，包括已利用土地、空闲地和废弃地及废弃建筑的信息等。利用该数据库制定鼓励新增住房在已开发土地上加上建设的计划。第二，对已开发的空地和废弃地及其他用地进行再开发适宜性评价，制定土地再开发以及设定区域住房建设中土地再利用目标。第三，广泛采用"合作伙伴"模式，由地方政府、企业界和非营利组织共同对存量用地进行开发，应对开发存量用地成本高、风险大的问题，并制定多种优惠政策，包括对利用存量用地的直接审批通过、给予津贴、低利率贷款和税收优惠，同时严格限制建设占用绿地，在绿地上开发建设的进行严格行政审批和增加税收压力。第四，提供资助改善被破坏的土地。中央政府每年通过各类经济计划，对需要进行技术处理才能重新使用的土地提供无偿和有偿资助进行改善，包括荒废地、旧城区内工商改善区以及旧城保护区。

（2）调整土地市场

对城区内投资大、周转慢、利率低甚至亏损的大型基础设施、公共服务设施、公共工程、生态环境平衡保护工程等，中央政府和地方政府共同承担土地开发费用，创造良好的外部环境，吸引私人集团开发土地；建立国有化开发机构负责开垦城区内的废地，提供社会设施和住宅，开垦后土地按市场平价出售，开垦费若高于土地出售市场价，差额由政府补贴。

二、对我们的启示

1. 提升规划的控制作用

逐渐将规划法律化，强化规划的龙头作用，并确定其坚实的法理基础；制定和完善规划实施的配套法规和规章；在法律上明确规划的编制、修订、审核、实施等环节的具体规定；制定保障规划实施的经济激励、税费限制的政策和措施。

2. 保障农民的利益

探索建立与市场价格统一的征地补偿机制，明确界定征地用途，建立公正的征地纠纷调处机制，确保被征地农民的知情权、参与权和监督权，防止借公共利益之名随意扩大征地范围的现象发生，确保征地农民的利益，提升土地供给的价格，促进土地节约集约利用。

3. 灵活的制度、政策

借鉴美国的集束分区、额外收费等思想，在国家层面可以制定灵活的土地政策，解决多个问题，实现一个政策多种效果的局面。各地区可以在此基础上，结合地区比较突出的问题，提出相应对策。

4. 提倡存量用地再利用

运用规划、经济税费等手段，鼓励存量用地开发利用，解决新增建设占用农用地特别是占用耕地问题，可借鉴英国经验，通过制定计划等方式，鼓励闲置土地、废弃地以及低效建设用地的再开发利用。

第四章 节约集约利用制度体系建设的思路

第一节 指导思想与总体目标

一、指导思想

紧紧围绕科学发展主题和加快发展方式转变的主线，以保障经济社会可持续发展为目标，以提升土地资源利用效率和土地投入产出水平为着力点，以《关于促进节约集约用地的通知》（国发〔2008〕3 号）、《关于大力推进节约集约用地制度建设的意见》（国土资发〔2012〕47号）、《节约集约利用土地规定》（国土资源部令第 61 号）、《关于推进土地节约集约利用的指导意见》（国土资发〔2014〕119 号）等现行政策为依据，搭建节约集约用地制度框架体系，完善、深化规划管控、计划调节、标准控制、市场配置、监测监管、评价考核等现有制度建设工作，提出制度设计的具体方案、落实措施与配套政策，形成体系完备、措施有力、切实可行的节约集约用地制度综合体。

二、总体目标

1. 归纳现行土地节约集约利用制度的实施成效与问题，进而为提出针对性手段与措施提供丰富的理论性支撑。

2. 完善土地节约集约利用制度体系，深化、细化城市土地节约集约利用制度建设，有步骤、有计划地推进土地节约集约利用工作部署，为提高国土资源管理参与宏观调控能力提供政策性建议。

3. 以土地利用方式转变促进经济发展方式转变，以城市土地节约集约利用推进城市可持续发展与精明增长，为促进新型城镇化建设提供可行性路径。

第二节　基本原则与方法

一、基本原则

1. 适度创新

以国家当前及今后一段时期内的节约集约用地政策为引导，基于目前已经开展的各项工作，设计本书的研究理念与思路，对现有制度体系进行适度的整合和创新。

2. 融合衔接

以规划为龙头，以标准为约束，以监测监管为手段，以市场为保障，坚持评价、考核，并行计划、税费杠杆，各项制度融合衔接、相互促进，以实现城市土地节约集约利用为统一目标。

3. 差别化

综合城市的功能定位、资源禀赋、发展阶段，分析城市土地节约集约利用的现状及存在的问题，差别化地设计制度建设思路与具体方案，保障制度体系建设的适应性与灵活性。

4. 易操作性

结合现行各项制度建设实施取得的成效与存在的不足，抓住关键矛盾所在，充分考虑设计思路与具体方案的可行性、预期效益，保障制度体系建设的易操作性。

二、主要方法

1. 经验借鉴与创新研究相结合

收集并梳理国内外城市土地节约集约利用的主要做法和相关政策文件，总结提炼可操作性强、推广前景大的做法作为经验借鉴；针对我国城市土地利用现状及存在的问题，结合我国现行制度的不足之处，提出本书的设计方案，为相关政策出台与落实提供建议。

2. 整体研究与差异分析相结合

综合考虑城市区位、功能定位、城市发展阶段、产业发展情况等，全面分析我国城市土地利用存在的问题，同时考虑各城市的差异性，具体城市具体分析，建立适用性强的制度体系，体现区域的地方特色。

3. 定性研究与定量研究相结合

综合考虑城市发展的历史脉络和现实需求，定性研究城市土地节约集约利用的侧重和定位。在定性研究的基础上，对各项制度具体方案涉及的指标、手段等进行定量研究。

第三节　框架体系设计

一、总体思路

1. 基于多规合一的规划管控制度

从"多规融合"的规划思想出发，重点对规划编制和规划实施等两个方面进行制度设计。在规划编制中，主要协调国民经济和社会发展规划、土地利用总体规划、城市规划以及其他部门的行业规划在节约集约用地管控思想方面的统一。具体来说，主要包括在规划目标、基础资料和标准规范、规模和结构布局以及用地时序控制上的协调等。在规划实施过程中，主要通过搭建统一的信息平台、建立部门联系会议制度、构建项目联合预审机制等，确立"多规融合"的规划实施管理协调机制，促进城市建设用地节约集约利用。

2. 差别化的土地利用计划调节制度

从差别化的计划编制方法、差别化的考核管理两个层面出发，通过建立健全计划指标体系、推进土地利用年度计划指标的资产化分类管理、完善土地利用计划下达方式、推进计划分类精细化管理、实行差别化土地供应政策、完善监管考核制度等思路设计，建立差别化的计划调节制度，实行土地利用计划差别化管理，促进耕地保护制度和节约集约制度的贯彻执行。

3. 基于全行业的建设用地标准控制制度

结合国家及地方层面的现行建设用地控制标准，不同尺度的建设用地节约集约利用评价考核体系、成果等，遵循覆盖全行业，与现有标准体系、评价体系相衔接，与行业用地特点一致等原则，从建设用地标准分类体系、指标体系、指标控制值三方面出发，建立基于全行业的建设用地标准控制方案。

4. 城乡统一市场的土地资源配置制度

根据土地市场中交易主体、交易客体的不同，将我国土地市场分为土地征购市场、土地一级市场和土地二级市场三种类型。对于一级市场，允许集体土地入市，降低国家的垄断程度；明确农村集体土地所有权主体，实现土地产权的统一管理。对于二级市场，将二级市场信息在一级市场信息平台上公布，引入土地一级市场相对成熟的"公开竞价"机制，扩大交易对象，充分显现土地资产的价值。同时，扩大有偿使用范围，对于非公益性用地划拨，坚决采用有偿使用方式进行供地；完善地价体系，显化土地价值，同时通过建立土地买方的交易历史信息档案，出台抑制土地投机的政策措施，打击投机行为。

5. 基于不同环节的税费调节制度

梳理我国现行针对城市建设用地节约集约利用的税费种类，基于税费的发生环节制定不同的调节方案：在土地取得环节，从土地有偿使用范围、土地使用权人、使用新增土地、使用存量土地四个方面制定税费调整方案；在土地保有环节，增收土地增值税，并根据城市内部不同区域的功能、特点，划分为工业、商业、居住、教育、特别等功能区实施差别化的调整方案；在土地转让环节，从土地转让区位、土地转让去向、存量划拨用地三个方面制定税费调整方案。

6. 双管齐下的土地利用监测监管制度

以促进城市土地的依法依规、节约集约利用为目标，结合多尺度的节约集约评价制度、全行业的建设用地标准控制制度，完善土地利用监测监管制度的基础支撑工作；以国土资源遥感监测"一张图"为基础的综合监管平台为支撑，构建土地供应全面监管体系；以乡镇国土所为平台和依托，开展土地利用动态巡查；强化监测监管量化考核，建立激励约束机制；依法制定专项法律法规，细化土地利用监测监管办法；实行土地开发利用信息公开制度，扩大公众参与范围，发挥社会监督作用。

7. 基于多尺度的节约集约利用评价制度

结合国家及地方现行的评价制度建设工作，在当前已形成并使用的土地标准、节约集约利用评价体系与考核办法的基础上，以城市行政区域内的建设用地普查为基础，按照城市土地利用的微观（项目）、中观（功能区、区县）、宏观（城市）三个尺度定期开展四个层面的节约集约利用评价工作，实现评价成果的定量性、动态性、层级性，并将评价成果应用于政府资源分配、政策制定与绩效管理过程中，以达到对有限城市土地的合理、有序、节约集约利用，促进城市的合理开发与健康可持续发展。

8. 基于行政体系的绩效考核制度

结合城市土地利用特征，基于国家、省、市、县不同的行政体系，设计差别化的土地节约集约考核指标纳入途径；进而根据各层、各地政府的工作管理模式与特点，以及原有政府绩效考核体系的架构，进一步明确考核指标体系的纳入方法；参考全国主体功能区划分，综合考虑各地的资源禀赋、农用地保护需求、生态环境脆弱度、经济发展、城镇化已有建设强度、未来潜力等因素，进行差别化的考核指标选取及权重设置，同时制定考核结果的奖惩应用措施。

二、框架体系

本书主要分为理论研究、制度建设、实践案例三大部分。

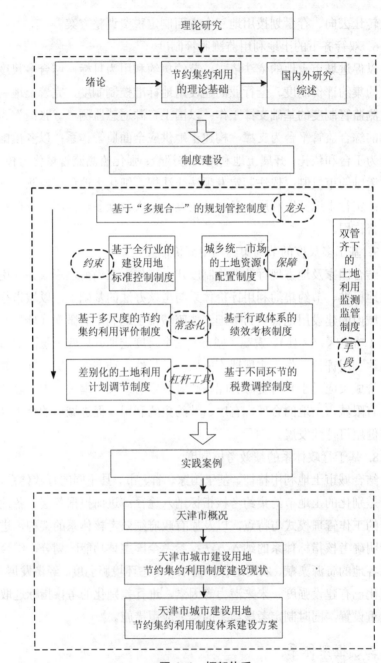

图 4-1　框架体系

理论研究部分（1～3 章），界定了城市建设用地节约集约利用的基础概念、理论基础，分析了城市建设用地节约集约利用的影响因素、现状及存在问题，系统梳理了国内外制度建设的沿革与发展、经验借鉴。

制度建设部分（5～12 章），以规划为龙头，以标准为约束，以监测监管为手段，以市场为保障，坚持评价、考核，并行计划、税费杠杆，在全面梳理现行各项制度的成效与不足基础上，研究制定了相应的设计方案。

实践案例部分（13～15 章），系统分析了天津市城市建设用地节约集约利用问题与制度建设现状，有针对性地提出了天津市制度建设思路与方案，并从政策、管理与技术三个层面制定了应用建议。

具体框架体系如图 4-1 所示。

第五章 基于"多规合一"的
规划管控制度

第一节 规划管控的内在机理

一、土地利用总体规划对节约集约利用的整体管控

土地利用总体规划与节约集约用地，是一种落实与被落实、协调与被协调、调整与被调整、规范与被规范的关系，土地利用总体规划对节约集约用地起到了引导与制约作用（李学明，2011）。土地利用总体规划通过实行规模控制、布局和结构控制，引导土地的合理利用。同时，土地利用总体规划实施管理中通过明确一些制度和限制、鼓励措施来引导土地利用，以推动土地利用方式的转变，实现土地利用总体规划对节约集约用地的整体管控。

1. 通过定量控制，引导城市理性增长

土地利用总体规划实行建设用地总量控制，科学合理确定建设用地总规模、城镇工矿用地总规模、各类新增建设用地总量等量化指标，严格控制建设用地规模，避免城市规模的盲目扩张及建设用地的粗放利用。耕地保有量和基本农田保护面积两项总量指标是落实严格耕地保护制度的重要指标，新增建设占用耕地规模是对各项建设占用耕地的控制。整理复垦开发补充耕地义务量是通过农用地整理、土地复垦

或者未利用地开发减少未利用地储备，增加土地的有效供给，提高土地利用率。这几项指标既突出了严格保护耕地的任务，也是为了控制城市建设用地的无序蔓延。通过设定城乡建设用地指标，强化了对包括城镇、独立工矿和农村建设用地在内的城乡建设用地总规模的控制，遏制建设用地的低效利用，促进存量建设用地的利用，控制建设过多占用耕地。人均城镇工矿用地约束性指标是对用地效率方面的引导控制，防止建设用地的低效利用，以及规划中夸大城镇人口发展规模而人为增加城镇工矿用地规模。通过对以上约束性指标的严格控制，引导城市的理性增长，控制城市无序蔓延。

2. 通过定位控制，引导城市布局优化

土地利用总体规划通过划定土地用途区，对各类用地实行定位控制。根据各区土地利用的特点、结构和今后开发利用的方向相同或相似性而划分的不同功能区，各种土地利用活动在特定的空间范围内进行，有利于形成规模经济，提高土地利用效率。通过划定用途分区，使工业用地向高新技术开发区或经济技术开发区集中，乡镇企业用地向工业小区集中，农村居民点用地向中心村集中，促进非主导用途土地向主导用途转变，从而引导各用途区内土地集约高效利用。此外，土地利用总体规划通过实行建设用地"三界四区"的空间管制，落实建设用地管制边界和管制区域，从而确定了各类建设用地格局和一些用于隔离、美化和维护生态环境安全的用地在空间上的具体落实，并引导各类用地的集约、高效、协调、有序配置，促进形成节约集约的土地利用格局。

3. 通过定序控制，引导城市提高土地利用效率

土地利用总体规划通过对土地未来利用时序的安排，确定土地开发利用的先后顺序，实行定序控制。在土地规划中，土地开发依据各个时期的具体目标来开展实施，有效地控制了土地利用进程。它使土地利用与区域的发展水平时刻相适应，并使条件具备的土地资源得到优先利用，从而提高城市土地的利用效率。具体来说，土地利用总体规划通过优先安排交通、水利、能源等基础设施项目以及高新技术产业项目的用地需求，合理引导城市发展中逐渐淘汰高耗能、低效、产

能过剩行业，促使城市向节约集约方向发展。

二、城市规划对节约集约利用的引导管控

1. 通过对城市空间布局的引导，促进土地高效利用

城市建设用地空间布局的合理性主要体现在城市各行业用地结构上（住宅用地、产业用地、生态用地等面积比例及建筑密度、容积率等指标）。城市建设用地空间布局的合理性对城市建设用地集约利用具有非常重要的意义。若城市建设用地空间布局不合理，就会造成土地不能尽其用，土地价值得不到很好体现，土地利用效率降低。城市规划通过统筹考虑城市经济布局、人口分布、资源利用、环境保护和城市格局，进行城市用地选择，确定规划区范围和城市用地发展方向；确定城市布局形式和城市功能分区，综合安排城市居住、公共设施、工业、仓储、对外交通、道路广场、市政公用设施、绿化、特殊用地等用地，引导城市建设用地向集约利用方向发展。此外，依据资源保护要求、工程地质状况和适宜建设标准等，合理划定禁建、限建和适建区，优化城市空间总体布局，从空间资源配置角度促进城市集中紧凑布局和转型发展。

2. 通过对建设用地利用度的控制，促进土地高效利用

城市建设用地利用强度主要表现在城市建设用地利用率、人均建设用地面积、城市总的容积率等方面。城市建设用地集约利用最直观的表现形式就是城市建设用地利用强度。一般而言，城市建设用地利用强度愈高，城市建设用地集约利用水平就愈高。一是城市规划通过划定旧区范围，制定城市旧区改建规划，确定旧区有机更新的原则和方法，提出改善旧区生产、生活环境的标准和要求，合理引导旧城区内低效用地的改造，提高城市的土地利用率。二是通过制定土地使用强度管制区划和相应的控制指标（建设用地面积、容积率、人口容量等），引导城市在发展建设中不断提高建筑容积率，控制人均建设用地面积，从而达到提高土地利用程度，促进集约利用城市土地的目的。三是通过对城市地下空间开发布局的规划，引导城市合理开发地下空间，提高土地利用强度。

3. 通过确定城市发展定位，促进土地高效利用

城市规划的首要任务是对城市性质、规模和功能进行定位。城市层次和城市规模影响着城市土地使用效率与城市土地投入强度。一般来说，城市层次越高、城市规模越大，城市土地使用效率越高，城市土地投入强度越大，城市土地利用越集约。城市规划通过确定城市未来发展格局以及交通、重大基础设施和公共服务设施建设发展策略等，影响城市总体发展方向和对城市建设用地的投入水平；通过科学修订城市规划，合理确定城市发展定位以及开发区、园区等的功能定位，有效引导产业布局的合理性，促进开发区或者园区形成产业聚集效应。

三、其他规划对节约集约利用的具体管控

从影响建设用地节约集约利用的角度来界定其他规划的范围，主要是指国民经济和社会发展规划、土地整治规划、城市控制性详细规划以及其他行业编制的专项规划等。

1. 国民经济和社会发展规划

国民经济和社会发展规划是全国或者某一地区经济、社会发展的总体纲要，是统筹安排和指导全国或某一地区的社会、经济、文化建设工作的具有战略意义的指导性文件。《全国国民经济和社会发展十二五规划纲要》提出："实行最严格的节约用地制度，从严控制建设用地总规模。按照节约集约和总量控制的原则，合理确定新增建设用地规模、结构、时序。提高土地保有成本，盘活存量建设用地，加大闲置土地清理处置力度，鼓励深度开发利用地上地下空间。强化土地利用总体规划和年度计划管控，严格用途管制，健全节约土地标准，加强用地节地责任和考核。"国民经济和社会发展规划通过提出实行节约集约用地制度的各种举措，引导地方政府对节约集约用地制度的具体落实，指导城市建设用地的节约集约利用。

2. 土地整治规划

土地整治规划是重要的土地利用专项规划，是规划期内对行政辖区内土地整治工作的计划和安排。土地整治规划提出了对节约集约用地的目标和任务："推进散乱、废弃、损毁、闲置、低效建设用地集中

整治，节约集约用地水平明显提高。"土地整治规划通过对城镇低效用地的整治潜力进行调查测算，安排规划期内城镇低效用地的整治项目，引导规划期内城镇低效用地的开发建设工作，充分挖掘城镇旧城区的用地潜力，盘活城镇闲置土地，加大旧城区改造，合理优化城镇建设用地结构，促进城镇建设用地的集约利用，极大地发挥土地的利用效益。

3. 城市控制性详细规划

城市控制性详细规划是指以城市总体规划或分区规划为依据，确定建设地区的土地使用性质、使用强度等控制指标、道路和工程管线控制性位置以及空间环境控制的规划。城市控制性详细规划的核心内容就是在明确土地使用空间组织的基础上，具体确定土地使用性质和使用强度，制定"定性、定量、定位、定界"的控制要求，对每块土地开发的用地界线、建筑性质、容积率、建筑密度、建筑高度等进行详细规定。控制性详细规划从微观上控制着每个地块的土地使用强度，从而在总体上控制着整个城市建设的容积率、建筑密度及高层建筑比例，实现对土地集约高效利用的控制。

4. 其他行业编制的专项规划

专项规划是指政府其他有关部门，对其主管的工业、农业、畜牧业、林业、能源、水利、交通、城市建设、旅游、自然资源开发等行业组织编制的专项规划，其中，与城市建设用地节约集约利用相关度较大的规划主要有产业发展规划，环境保护规划，交通、水利、旅游、矿产等专项规划。

产业发展规划通过对产业结构比例、产业用地投入产出效益分析，以及城市产业发展的空间布局分析，为制定产业用地建设标准、引导建设用地节约集约利用提供依据。环境保护规划根据城市土地资源承载力理论，通过城市生态环境评价，加强对重要水源涵养区、生态敏感区、生态湿地和生态隔离带的保护修复，不断完善生态补偿机制，控制建设用地对生态用地的侵占，并且通过对低效、耗能、产能过剩等行业用地结构调整，促进环保、高效、节约集约建设项目的发展，从而引导城市建设用地的高效节约利用。交通、水利、旅游、矿产等专项规划通过对各行业用地布局的安排，有效引导城市各行业用地的节约集约利用。

第二节 规划管控的成效与不足

一、取得的成效

1. 合理控制建设用地增长，城市无序扩张得到一定控制

通过实施建设用地空间管制制度，严格控制年度批次用地审批的规模和范围，使城市建设用地规模和新增建设用地总量都得到了很好的控制，每年实际新增建设用地规模基本控制在 40 万公顷。既有效遏制了城乡建设大量圈占土地的势头，又保障了基础设施建设及其他各项事业发展的必要用地。通过规划严格落实耕地保护任务，控制各类非农建设占用农用地尤其是耕地的规模，促使城市无序蔓延得到控制，合理控制了城市建设用地的增长，有效地缓解了城市建设与耕地保护之间的矛盾。

2. 促进城市内部挖潜，提高土地节约集约利用水平

通过规划控制，有效遏制了建设用地规模的盲目无序扩张，同时促进了建设用地内涵挖潜，土地闲置浪费现象明显减少。全国人均建设用地水平基本保持稳定，遏制住了 20 世纪 80 年代以来建设用地增长明显快于人口增长的势头。在控制建设用地总量的同时，加强对各业用地的引导，建设用地结构与布局进一步优化，建设用地节约集约利用水平不断提高，有效保障了经济社会各项事业发展必需的用地。"十一五"期间，国务院和省两级批准建设占用耕地面积比例由"十五"期间的 47.2% 下降到 43.4%，2011 年上述比例继续下降到 41.4%。与之对应的是各地积极盘活存量建设用地，2011 年以来全国土地供应中存量建设用地比例始终保持在 58% 左右，高于"十一五"期间的 54.8%。

3. 通过规划的有效实施，社会公众节约集约用地意识明显增强

通过规划对城市建设用地节约集约利用的引导作用，各地区积极

落实国家相关政策。自规划陆续发布实施以来，各地区分别制定了严格规划实施管理和节约集约用地的各项措施。例如，2008 年山东省人民政府制定了《关于推进土地节约集约利用的实施意见》（鲁政发〔2008〕90 号），从提高节约集约用地意识、控制用地标准、强化措施、加强领导等方面对节约集约用地提出了各项措施和要求。2012 年石家庄市也发布了《关于切实推进土地节约集约利用的实施意见》（石政发〔2012〕27 号），对切实推进节约集约利用土地，提出了相关意见。各地区通过出台相关规章制度、管理办法等，加大依法用地和节约集约用地的宣传与教育，积极探索土地节约集约利用模式，逐渐树立土地节约集约利用的意识。

二、存在的不足

1. 在规划目标和方向上管控失效

各规划的发展目标和侧重点不同，往往导致各行业根据本行业的用地标准和评价方法安排项目，各部门用地可能存在重叠和矛盾的现象。例如，土地利用总体规划主要是引导我们在保护耕地、保证粮食产量的前提下满足建设用地的需求；城市规划是按照市场经济条件下城市发展的客观规律，提出城市发展目标与发展规模的设想，而没有侧重考虑耕地和基本农田保护的问题。在规划目标和规划方向上的不统一往往导致城市开发建设中无法调节建设用地需求与城市发展的矛盾，造成地方政府为了开发建设大量圈地、粗放利用土地的现象，不利于城市节约集约用地的发展。

2. 在用地结构与布局上，缺乏科学性的指导

由于没有建立统一的人口统计、相关预测经济指标和节约集约评价方法，管制分区划定的技术标准也往往不统一，选择不同的预测模型和方法会导致预测结果差异较大，因此导致城市建设用地结构和空间布局缺乏科学性指导。这样造成了城市建设用地结构和布局不合理，工业区、住宅区、商业区混杂，功能相互干扰，不利于达到城市土地资源的效益最优化，影响土地利用价值的发挥。

3. 在项目用地管理上，缺乏统一的管控平台

在规划实施管理过程中缺乏统一的管控平台。目前有部分土地规划和城乡规划在城市建设用地范围与性质等问题上规定不一致，给实际操作带来困难；产业规划与空间规划相冲突导致项目用地难落实、土地经济效益不能充分发挥。各项规划在项目安排时序、项目资金管理、项目审查等过程中往往会出现内容交叉、重叠甚至矛盾的地方。

第三节　基于"多规融合"的规划管控制度设计

一、制度设计的基本思路

所谓"多规融合"，是指在维持现有各部门工作体系下，将传统上多个空间规划存在的矛盾，通过多部门的协调逐步解决，最终达到多个规划在内容和目标上的统一。在国家层面，可以参照中央财经领导小组的机制，组建具有很强的宏观协调能力的国家城市规划领导小组，制定整合的规划体系，对用地空间统一布局，实现对国家大局层面的城市群的系统规划和监督。在地方层面，按照城乡一体、全域管控、部门协作的要求，各部门仍然负责相应的规划内容，但其规划编制应基于建立的"统一工作平台"，通过统一基础图件、参考数据和编制标准等，负责发改、规划、国土和环保等不同规划内容的编制工作小组密切协调，推进多规的全方位融合。

本书在构建城市建设用地节约集约利用的规划管控制度中，从"多规融合"的规划思想出发，重点对规划编制和规划实施两个方面进行制度设计。在规划编制中，主要协调国民经济和社会发展规划、土地利用总体规划、城市规划以及其他部门的行业规划在节约集约用地管控思想上的统一。具体来说，主要包括在规划目标、基础资料和标准规范、规模控制、用地结构和布局以及用地时序控制上的协调等。在规划实施中，主要通过搭建统一的信息平台、建立部门联系会议制度、构建项目联合预审机制等，确立"多规融合"的规划实施管理协调机

制，促进城市建设用地节约集约利用。

二、制度设计的具体方案

1. 规划编制

（1）实现规划目标上的协调

第一，统一战略目标。尽管国民经济与社会发展规划、土地利用总体规划、城市规划以及其他部门的行业规划侧重点不同，规划具体目标也有差异，但战略目标应该是相同的，都是为了合理安排人口、资源开发、经济发展、生态保护的布局和时序，严格保护国土资源和生态环境，集约高效开发利用自然资源，促进经济与社会、人与自然的和谐发展（姚凯，2010）。

第二，衔接具体目标。在明确共同遵循的战略目标的前提下，制定各自的具体目标任务，明确相应的管控方向。例如，土地利用总体规划重点强调耕地和基本农田的保护，以及建设用地总体控制。制定耕地和基本农田保护目标，划定耕地和基本农田保护红线，强化土地利用总体规划的建设用地总量控制，并将空间战略导向和建设用地总量控制合一，实现建设用地空间布局协调、建设用地总量安排一致。城市规划重点强调空间战略引导，以土地利用总体规划的总量和范围控制为前提，合理安排城市各类建设用地的空间布局，协调各部门用地矛盾，将各类重点建设项目落到实地。生态环境保护规划则重点强调城市生态用地的保护，从空间布局上落实生态用地保护范围。交通、水利、矿产等专项规划重点落实土地利用总体规划与城市规划确定的重点建设项目，从空间布局和时序安排上确定具体目标。

（2）实现基础资料和标准规范上的协调

第一，逐步统一规划的现状信息。以二调数据为基础，结合土地利用变更调查、卫星影像图以及城市规划与土地利用规划用地分类转换标准，形成规划的现状信息，作为统一的规划底图。

第二，逐步统一规划的基期和时限。建立共同的经济、人口、土地利用、各类资源等在内的全方位的基础数据资料库，避免多规在基础资料收集方面的重复工作和引用数据不一致等问题。多规的规划目标年尽量保持统一。

第三，统一分类标准。建立涵盖城乡、内涵统一的用地分类与建设标准，可协调转换的城市规划与土地利用总体规划的用地指标。明晰如建设用地、城乡（建设）用地、城市（建设）用地、建制镇用地、农村居民点用地等名称内涵，建立城乡统一的建设用地细分标准。

第四，统一发展目标。在规划期内相关目标的确定方面，应统一预测方法，使不同规划的相同规划期内人口规模、用地需求、经济和城镇化发展等目标协调一致。

（3）实现规模控制上的协调

在土地利用总体规划对城市建设用地规模、城镇工矿用地规模以及新增建设用地规模指标的总体控制下，通过采取统一的用地预测方法，合理预测各部门规划期内用地需求。促成城市规划、产业发展规划、环境保护规划以及交通水利等部门规划的用地规模与土地利用总体规划相协调。各专项规划中各类新增建设用地规模不得突破土地利用总体规划确定的用地指标，严格控制城市建设用地总规模。

（4）实现用地结构和布局上的协调

统筹土地利用总体规划、城市规划、产业发展规划、环境保护规划以及交通水利等部门规划的协调衔接，合理安排各行业用地的结构和空间布局，缓解各部门用地矛盾。例如，通过部门间充分沟通衔接，将交通、能源、水利、环保等基础设施项目都充分纳入到土地利用总体规划，并依照土地利用格局和城市未来发展格局使各类项目落到实地，实现多项规划在用地结构和布局上的衔接。

（5）实现用地时序控制上的协调

以土地利用总体规划确定安排的各行业建设项目用地时序为总体指导，交通、能源、水利、环保等各部门专项规划安排的项目用地在土地利用总体规划统筹安排下，编制年度实施计划，并分类安排项目资金筹集和使用安排计划，避免由于城市的重复建设和资金的交叉使用，造成不必要的浪费。

2. 规划实施

（1）信息平台搭建

建立"多规融合"信息平台，即以信息技术为支撑，通过设立统一的数据集成标准，支持不同部门规划成果（国民经济与社会发展规划、城市总体规划、土地利用规划、生态规划等）的集中存储和统一管理与更新，以"一张图"进行统一应用，从而为各部门进行多规的协调提供权威性的统一信息参考，并将"多规融合"的成果进行动态更新，实时指导城市建设和管理工作。

（2）部门联系会议制度

建立部门联系会议制度，在市级和区级之间以及部门与部门之间搭建一个定期沟通、决策的平台，加强部门沟通的同时，引入自下而上的决策机制，同时也为数据平台的定期更新提供支持。

（3）项目联合预审机制

将现有审批环节整合为立项、用地、报建、施工、验收等5大阶段，由牵头部门统一受理、同步审批，缩短审批时间。实行多部门联合审查，在各部门规划达成共识的基础上，编制共同的项目库，以项目库以及用地为主构建规划实施管理监督平台，实时监测各类规划实施情况。

第六章　差别化的土地利用计划调节制度

第一节　计划调节的内在机理

一、土地利用计划的用地指标调节

根据《土地经济学》(毕宝德, 2001)对土地利用计划的定义,"土地利用计划就是对未来一定时期内土地资源的开发、利用、整治、保护进行综合平衡, 做出统筹安排。土地利用计划分为广义和狭义的概念。广义的土地利用计划包括土地利用总体规划和土地利用年度计划, 狭义的土地利用计划只包括土地利用年度计划"。本书土地利用计划是指狭义的概念, 即土地利用年度计划。土地利用年度计划是促进土地节约集约利用的重要手段。它可以通过控制用地总量、设定具体的用地指标、制定严格的保障措施、建立科学的管理考核机制等方式来规范、引导、鼓励土地使用者和管理者节约集约使用土地。

我国现阶段土地利用计划指标包括新增建设用地计划指标、土地开发整理计划指标和耕地保有量计划指标。新增建设用地计划指标包括新增建设用地总量和新增建设占用农用地与耕地指标, 按用地性质分为城镇村建设用地指标和能源、交通、水利、矿山、军事设施等独立选址的重点建设项目用地指标。

1. 控制建设用地总量

土地利用计划通过各项新增建设用地指标控制建设用地总量，引导和鼓励土地使用者和管理者节约集约利用土地。第一，通过设置新增建设用地总量指标，将建设地总的新增量纳入了计划管理，不仅严格控制了农用地转用审批，还对审批以外的超计划用地起到了很好的控制作用，增强了土地计划的整体调控作用。第二，通过对新增建设用地控制指标实现指令性管理，并以实际用地情况作为计划考核依据，加强了土地利用计划的控制力度，严格控制城市建设用地的无序扩张。

2. 调控土地利用结构

土地利用计划通过城镇村建设用地指标和能源、交通、水利、矿山、军事设施等独立选址的重点建设项目用地指标的下达，有利于加强对城镇和农村建设用地的管理，实现土地利用计划对用地结构调整的调控作用，同时避免地方建设项目挤占国家重点建设项目用地，确保国家重点建设项目的用地需求。根据《关于下达〈2013 年全国土地利用计划〉的通知》，"用地计划指标要向保障性住房、医疗卫生、教育科技、社会保障等领域倾斜，提高经济社会发展的协调性；重点保障交通、水利、能源等基础设施项目用地，优先支持战略性新兴产业和高新技术、节能减排等建设用地，推动经济结构调整和经济发展方式转变"。通过土地利用计划用地指标对土地利用结构的调控，促进城市用地结构的优化以及向新兴产业、高技术等高效集约用地的方向发展。

3. 优化土地利用布局

土地利用计划通过指标在横向和纵向空间上的分配，引导土地利用布局的优化。在横向上，按照统筹兼顾、客观合理的原则，综合考虑固定资产投资、国内生产总值、规划控制规模、实际供地水平、降低地耗要求、补充耕地潜力等因素，通过合理测算，对各地区新增计划指标进行分配，引导各地区土地利用与地区社会经济协调发展。此外，土地利用计划根据城市中心区和镇区的集中建设区范围与位置、城市未来发展格局，对各类建设用地指标进行分配，在空间上引导土地优化配置和空间布局调整。在纵向上，中央政府通过对新增建设用地指标实行逐级分配，并将开发区、发展新区等特殊区域年度计划用地指标单列，在空间上引导城市建设用地向高效集约的开发区发展，促进土地利用布局优化。并且，通过新增建设用地占用耕地指标的逐级控制，严格控制城市的无序扩张。

4. 调控城市开发建设时序

土地利用计划通过指标下达和使用节奏的控制，调控城市开发建设时序。计划指标实行预下达方式，年初预下达部分指标进行使用，年中根据耕地保护、土地利用、土地执法、依法行政等工作进行效绩考核，根据考核结果进行指标的再分配，调节后半年新增用地指标的使用节奏，对应影响着城市开发建设时序，并适当进行计划指标调剂追加，保障重点急需项目用地。

二、土地储备供应计划的用地节奏调节

土地储备计划是政府对计划期内行政辖区范围内待储备土地的开发总量、用途结构、空间布局、进度、储备和供应、资金预算、计划执行的总体安排。土地供应计划是指市、县人民政府在计划期内对国有建设用地供应的总量、结构、布局、时序和方式做出的科学安排（曲波，2011）。

根据节约集约用地的第三方面的含义，土地节约集约利用可通过整合置换和储备，合理安排土地投放的数量和节奏，改善建设用地结构、布局，挖掘用地潜力，提高土地配置和利用效率。因此，土地储备供应计划的用地节奏的控制是促进城市建设用地节约集约利用的重要手段。

1. 土地储备供应计划时序安排

土地储备供应计划时序安排是根据发展需求统筹考虑各个时间段储备开发及供应用地的规模、结构及布局，是对土地储备和国有建设用地供应在不同时段的安排，是土地储备计划和供应计划的核心。政府可以通过调整土地储备开发及供应的时序来实现对土地市场的宏观调控。

　　土地储备供应计划通过时序安排实现对节约集约用地的调节作用主要表现在以下两个方面：

　　（1）通过优先安排城市存量土地的储备供应促进节约集约用地

　　土地储备供应包括对存量建设用地的储备供应及增量建设用地的储备供应，贯彻节约集约用地的政策，加大城市存量建设用地的储备，优先储备国有存量建设用地，尤其是闲置、空闲和低效利用的土地，然后将筛选出的宗地合理归并，形成土地储备开发项目。在土地供应环节中优先安排以上存量建设用地指标，合理控制增量建设用地的储备开发和供应，引导城市从外延扩张向内部挖潜的转变。

　　（2）通过控制不同类别项目的用地节奏，促进节约集约用地

　　土地储备供应计划若通过优先安排产业升级、保障性住房供应、城市基础设施建设等项目用地，优先保障交通、水利、能源等基础设施项目以及高新技术产业项目的用地需求，合理引导城市发展节奏，逐渐淘汰高耗能、低效、产能过剩行业，可促使城市向节约集约方向发展。反之，若政府在土地储备和供应过程中将商业、金融、住宅等经营性用地的供应时序提前，且供应量大，公共设施用地、道路广场用地、绿化用地供应量少，则会造成城市功能结构失调，影响城市集聚效益发挥。

　　2. 土地储备供应计划的用地速度安排

　　土地储备供应的速度是影响土地市场、调控城市建设用地节约集约利用的重要因素。合理确定土地储备供应的速度，明确每一阶段的土地储备量及土地供应量，能够保证城市发展对土地的需求，不会因土地储备不足，供地速度过慢而造成供不应求、地价过高、房地产市场发展过热、政府调控能力低，也不会因为储备过多，供地速度过快造成资金短缺及出现土地闲置等土地资源浪费的现象。因此，在符合宏观经济波动规律的前提下，根据土地市场的发展和上一阶段的土地供需关系，适时调整土地储备供应速度，避免造成供不应求和土地资源的浪费。

　　3. 土地储备供应计划的用地结构安排

　　土地储备供应计划在不同时间段对用地结构的安排影响着城市建

设用地的节约集约利用。具体表现在以下两个方面：

（1）通过对土地储备供应区位结构的调控影响城市节约集约用地

土地储备供应区位结构的调控主要体现为对增量土地供应的控制，以及对存量土地储备供应的加强。土地储备供应计划通过结合土地利用总体规划和城市总体规划，对各区域增量与存量土地的储备供应数量及区位进行安排，引导城市从过去依靠粗放供地、外延扩展的供地方式向注重具有良好区位条件的存量土地的开发供应方式转变，从而促进城市土地的节约集约利用。

（2）通过对土地储备供应功能结构的调控影响城市节约集约用地

土地储备供应功能结构上的调控主要体现为不同产业之间的用地结构和同一产业内部不同层次之间的结构调控。土地储备供应计划根据地方经济的发展趋势，重点对各产业之间用地结构进行配置，平衡房地产业与信息产业等其他产业的用地结构，引导城市增加对交通用地、市政设施用地、道路广场用地、绿地等的供应比例，保障城市基础设施的发展节奏。同一产业内部之间，如房地产业通过提高经济适用房、保障性住房的供地比例，控制高档住房、别墅的用地供应，引导城市向保障民生、集约高效用地的方向发展。

第二节　计划调节的成效与不足

一、取得的成效

1. 控制了城市建设用地总规模

近年来，全国严格执行土地利用计划，通过新增建设用地指标的调控作用，统筹安排城乡建设用地，控制了大城市建设用地总规模，防止大城市过度扩张；合理安排中小城市和小城镇建设用地，促进中小城市和小城镇健康发展。2013 年全国下达各地新增建设用地计划安排量与 2012 年持平，严格控制了城市建设用地增长的速度。

2. 优化了城市用地结构与布局

土地利用计划通过各类新增建设用地指标安排，对土地利用结构和布局进行调控，使土地管理部门更加有效地利用计划手段促进相关部门和区县想方设法将有限的土地资源提供给新兴产业、高新技术产业等高效益项目使用，提高了土地利用效率。此外，通过重点保障交通、水利、能源等基础设施项目用地，对产业用地实行有保有压，优先支持战略性新兴产业和高新技术、节能减排等项目的用地需求，优化了城市土地利用结构与布局，推动经济结构调整和经济发展方式向节约集约高效利用的方式转变（王克强，2011）。

3. 有效调节了城市开发建设时序

根据土地利用计划编制土地储备和供应计划，并将土地储备和供应纳入土地计划管理。根据社会经济发展的速度、各产业用地的需求情况，通过合理安排土地储备和供应的规模、结构和时序，有效调节了城市开发建设的节奏。通过近几年来土地利用计划调节作用，合理安排土地供应节奏，切实保障重大基础设施、保障性住房、战略性新兴产业等项目的用地需求，使供地向有利于结构调整、经济发展方式转变的产业与项目倾斜。

二、存在的不足

1. 计划指标体系不完善

土地利用计划指标主要有新增建设用地指标、土地开发整理计划指标、耕地保有量计划指标三大类，缺乏对海域用地、存量土地利用管理的计划指标。近年来各地围海造地现象较多，如果对海域的开发利用不及时加以规范，将对有限的海岸线资源造成极大破坏，减弱自净能力、加重海域污染，增加环境与生态压力，因此需要加强对海域利用的计划管理。通过城市存量土地挖潜（包括城中村、旧工矿、低效闲置和批而未供的土地），拓展城市发展用地空间，可满足一大批项目对建设用地指标的需求，促进城市建设用地的高效利用。因此将存量建设用地纳入计划指标管理也十分必要。在经济快速发展、城市化不断推进的过程中，部分城市内部的城中村通常没有统一的规划和管理，以低矮拥挤的违章建筑为主，环境脏乱、人员混杂、治安混乱、基础设施不配套、游离于城市管理体制之外，土地利用效率低下，因此对城中村或者城区周边农村建设用地的整理，将城中村的腾退指标纳入计划管理，可提高土地的集约利用水平。

2. 计划指标分配不科学

计划指标分配不科学主要体现在三个方面。第一，目前地方土地利用年度计划指标分配往往遵循"量"的平衡原则，以保持所谓不同区域的"发展权利公平"和减少政府内部的矛盾，但是各地资源禀赋和用地需求存在很大差异，会导致城市化和工业化先行的地区无法获得足够的建设用地以满足发展的需求，而欠发达地区用地指标高于他们的实际需求，造成用地指标被低效利用甚至闲置。第二，计划指标实行无偿分配，会导致特别重视争指标而不重视对现有存量指标的高效利用，也忽视了城市建设用地指标的资产化管理的内容。第三，部分地区土地利用计划指标没有细分到区县，导致各区县为了各自经济建设发展，只重视争抢用地指标，而没有通过有效利用指标解决土地的供求矛盾。

3. 土地利用计划指标使用过程的管理方式不尽合理

一方面，土地利用年度计划下达须经过逐级审批下达，计划指标到达市、县的时间具有滞后性，往往造成基层国土资源管理工作上的被动，从而导致"未批先用、未供即用"等违法违规用地现象的发生。另一方面，现行的指标使用缺乏动态的调整机制，在每年下达的新增建设用地计划指标使用过程中，年度计划指标只有在省级层面可以结转到下年使用，而省级以下单位的年度计划指标必须在年内用完，否则由省国土厅收回，这样导致地方政府不得不用完每年的指标，而不管每年实际的建设用地指标需求。地方政府甚至以低地价或零地价出让土地，而企业也就趁机圈地，从而导致经济欠发达地区工业用地粗放利用甚至闲置。

第三节　差别化的计划调节制度设计

一、制度设计的基本思路

由于我国各地区自然环境条件、土地资源禀赋、社会经济发展程度等的差异性，部分地区土地利用计划的规模时序与经济发展阶段要求不相适应，经济发展还没有真正从依靠投资驱动和要素驱动转为创新驱动。因此需要建立差别化的计划调节制度，实行土地利用计划差别化管理，促进耕地保护制度和节约集约制度的贯彻执行。

土地利用计划差别化管理主要包括两个层面的意思：一是差别化的计划编制方法，即根据地区间经济增长状况的差异性以及新增建设用地利用效率的差异性等，在编制计划及分解指标时要考虑这些差异性，采取差别化的土地利用计划管理。二是差别化的考核管理，即根据土地管理工作的实际绩效，依据计划执行情况考核结果，针对批地、用地、节约集约用地等不同情况，区别对待，奖优罚劣，实行地区间有所区别的土地利用计划（夏燕榕，2009）。本书主要从以上两个层面通过建立健全计划指标体系、推进土地利用年度计划指标的资产化分类管理、完善土地利用计划下达方式、推进计划分类精细化管理、实行差别化土地供应政策、完善监管考核制度等思路设计，建立差别化的计划调节制度。

二、制度设计的具体方案

1. 建立健全计划指标体系

国家继续按照新增建设用地、占用农用地和占用耕地三项计划指标编制下达。省级以下，结合各地实际情况，增加年度盘活利用存量用地指标、新增围填海用地指标和专项指标（包括城乡建设用地增减挂钩指标、低丘缓坡荒滩开发利用和工矿废弃地复垦利用专项控制指标）以及其他指标（如腾退指标），实行差别化土地利用计划指标体系。

存量用地指标根据国土资源与房屋管理局对城市存量建设用地的摸底调查情况进行确定。在编制全国土地利用年度计划时，围填海计划指标的确定方式是由海洋管理部门提出建设用围填海计划总量，与土地利用年度计划做好衔接，按照陆海统筹的原则，进行制定和分解。城乡建设用地增减挂钩指标、低丘缓坡荒滩开发利用和工矿废弃地复垦利用专项控制指标需要与土地利用总体规划、城乡建设用地增减挂钩专项规划、低丘缓坡荒滩开发利用专项规划和工矿废弃地复垦利用专项规划相衔接。腾退指标主要根据城中村、城区周边农村建设用地的调查情况，结合城乡建设用地增减挂钩专项规划进行确定。

2. 推进土地利用年度计划指标的资产化分类管理

土地利用年度计划指标的资产化分类管理就是将部分土地利用年度计划指标实行无偿分配，部分指标实行有偿分配。土地利用年度计划指标资产化分类管理是解决争夺指标的重要措施，是解决用地指标与补充耕地地域分异的需要，土地利用年度计划指标资产化也是土地资产化的必然和可能。例如，借鉴西方发达国家的土地发展权转移模式，在我国实行基于土地可转让配额的市场交易机制。土地利用指标下达后，在一定规划时期内，总的指标不再增加，允许用地指标在用地单位之间进行转让，用地单位根据用地成本和用地收益比较决定指标的买卖（杨雪峰、史晋川，2010）。

3. 完善土地利用计划下达方式

（1）统筹安排国家和地方计划指标

根据国家宏观经济调控政策、固定资产投资安排、建设项目用地预审等情况，合理确定预留国家计划指标比例，保障国家重点交通、能源、水利等建设项目用地，同时预留一定数量的调剂奖励计划指标，其余计划指标下达地方。

（2）实行差别化计划指标分解下达方式

按照统筹兼顾、客观合理的原则，根据各地区的资源禀赋、城市化和工业化发展水平、土地资源条件等情况，综合考虑固定资产投资、国内生产总值、规划控制规模、实际供地水平、降低地耗要求、补充耕地潜力等因素，合理测算各地区用地计划指标，并与节约集约用地、供地率等因素挂钩，进行差别化计划指标分解下达，提高计划指标安排使用效率。

（3）实行指标使用的动态化管理

针对报批用地存在时间差的问题，省级政府在下达土地利用年度计划时，采取预下达和中期考评下达相结合的方式，即在全国土地利用计划指标未下达之前，各地按照上年下达各地计划规模的一定比例预下达一部分进行使用，年中结合上一年度土地管理绩效和年度计划中期考评情况进行奖惩，对计划执行好的地区奖励计划指标，对计划执行差的地区扣减计划指标（邓颖琳，2010）。年底根据宏观经济政策和各地重大项目实施情况进行调剂。通过对不同阶段的指标使用的动态管理，使市、县级政府按照土地利用总体规划及新增建设用地计划统筹安排解决项目用地问题。

4. 推进计划分类精细化管理

改变以往土地利用计划只控制建设用地规模，未对建设用地的具体用途和使用条件进行规定的粗放式管理方式。一是对重点建设的交通、能源、水利、基础设施、民生等项目按照"点供"的方式进行管理。二是明确下达市县指标利用方向和比例，注重土地利用计划对城市用地结构和布局的调控。三是通过制定相关规定，对新增项目分类分别拟定不同的用地标准，严格项目用地的审批管理。此外，采取定量评估和定性评级相结合的方法，对所有项目进行评估后选择最优的进行优先供地，优化资源配置。

5. 实行差别化土地供应政策

在深入研究区域产业更替演变规律、综合土地节约集约利用目标的区域差异性和实现可行性等各方因素基础上，加强建设项目用地控制指标体系的动态更新，制定区域差别化的供地政策，按照优先发展产业优先供应土地的原则，主动引导产业项目用地投向民生工程、基础设施、生态环境建设、自主创新、产业结构调整等新增项目用地的供应，优先满足高产出、高效益项目建设，加快促进区域产业结构升级与梯度转移。

6. 完善土地利用计划监管考核制度

（1）构建土地利用计划考核体系

我国实行省以下土地垂直管理，首先建立国家对省（直辖市、自治区）的土地利用计划执行考核体系，主要从国家实施计划管理的战略目标，综合反映计划执行对经济社会发展、土地利用以及土地行政管理的影响方面进行构建。省级以下的土地利用计划考核主要从土地利用计划指标执行情况及其对土地集约利用、土地供应管理、土地收益分配（民生保障）、土地行政执法的影响等方面构建考核体系。

（2）完善土地利用计划激励机制

建立计划内指标奖惩机制和计划外土地发展权竞争分配的复合激励机制。计划内指标奖惩机制，是指将计划执行考核结果与土地利用计划指标分解相结合，奖优惩劣。计划外土地发展权竞争分配的复合激励机制，是指将土地发展权的计划内与计划外配置结合起来，发挥计划管理的规范、导向功能，在全国城乡建设用地增减挂钩总规模基础上，根据不同地区土地利用计划执行情况分配挂钩机会。为了避免个别地区计划指标过剩，可以通过土地发展权市场，允许不同地区有偿转让计划内土地发展权（姜海、徐勉、李成瑞，2013）。

（3）建立土地利用计划监管机制

加强国土资源管理部门的领导以及相应土地督察机构的全程监管。第一对地方政府建设用地审批的合法性进行审批，规范其操作程序；第二对违法行为要深入调查，坚决予以纠正和惩罚。使土地利用计划差别化管理能够依法有效地发挥作用。

第七章 基于全行业的建设用地标准控制制度

第一节 建设用地标准控制现状

一、现行建设用地标准概述

目前我国的建设用地标准主要包括限制禁止用地项目目录、工业项目建设用地控制指标、工程项目建设用地指标、房地产用地控制标准以及各地发布实施的建设用地控制标准 5 类，具体如下。

1. 限制禁止用地项目目录

2012 年国土资源部、国家发展改革委颁布了《关于发布实施<限制用地项目目录（2012 年本）>和<禁止用地项目目录（2012 年本）>的通知》（国土资发〔2012〕98 号），主要内容包括以下两个方面：

（1）《限制用地项目目录（2012 年本）》涵盖了党政机关新建办公楼、城市主干道路、城市游憩集会广场、住宅、农林业、黄金以及其他（包括大型商业设施、大型游乐设施、主题公园、仿古城、大套型住宅、赛车场、公墓、机动车训练场）等 7 个大类，主要从审批权限、建设规模、容积率、生产工艺、产能及土地用途等方面提出了限制标准或条件。

（2）《禁止用地项目目录（2012 年本）》涵盖了农林业、煤炭、电力、石化化工、信息、钢铁、有色金属、黄金、建材、医药、机械、轻工、纺织、烟草、消防、民爆、其他（包括别墅类房地产开发、高尔夫球场、赛马场、党政机关新建/改扩建培训中心/基地和各类具有住宿/会议/餐饮等接待功能的设施或场所、未依法取得探矿权的矿产资源勘查项目以及未依法取得采矿权的矿产资源开采项目）等 17 个大类，从产业类型、生产工艺、产能、建设规模、用地类型以及建筑用途等方面提出了禁止条件。

2. 工业项目建设用地控制指标

2008 年 1 月，为全面贯彻落实《国务院关于深化改革严格土地管理的决定》（国发〔2004〕28 号）、《国务院关于加强土地调控有关问题的通知》（国发〔2006〕31 号）和《国务院关于促进节约集约用地的通知》（国发〔2008〕3 号），加强工业项目建设用地管理，促进节约集约用地，国土资源部对 2004 年发布的《工业项目建设用地控制指标（试行）》进行了修订，并发布实施了《工业项目建设用地控制指标》（国土资发〔2008〕24 号）（以下简称《国家工业控制指标》）。

《国家工业控制指标》包括正文、控制指标应用说明、土地等别划分、《国民经济行业分类》4 部分内容，控制指标由投资强度、容积率、建筑系数、行政办公及生活服务设施用地所占比重、绿地率 5 项指标构成。5 项指标控制值分别如下：投资强度指标根据土地所在类型和等别（全国土地分为 7 类、15 等）进行确定；容积率指标在 0.5~1 之间，根据工业行业分类进行确定；工业项目建筑系数不低于 30%；工业项目所需行政办公及生活服务设施用地面积不得超过工业项目总用地面积的 7%。严禁在工业项目用地范围内建造成套住宅、专家楼、宾馆、招待所和培训中心等非生产性配套设施；工业企业内部一般不得安排绿地。但因生产工艺等特殊要求需要安排一定比例绿地的，绿地率不得超过 20%。

3. 工程项目建设用地标准

为加强工程项目决策和建设的科学管理，近年来，住建部会同相关行业主管部门，制定、修订并发布实施了 13 项工程项目建设用地使用标准、11 项建设用地标准，具体标准见《土地使用标准汇编》，涉及的用地指标情况如表 7-1 所示。其中，工程项目建设用地使用标准涵盖公路、煤炭、民用航空运输机场、电力、体育训练基地、石油天然气、公共图书馆、文化馆、新建铁路、城市社区体育设施、城市生活垃圾处理和给水与污水处理等 11 种类型。11 项建设用地标准涵盖城市普通中小学校校舍、石油储备库、监狱、拘留所、看守所、强制戒毒所、综合医院、中医医院、粮食仓库、海港通用码头和河港通用码头等。

4. 房地产用地控制标准

2010 年，国土资源部发布的 3 个房地产调控文件对商品住宅用地单宗出让面积、住房用地容积率控制标准等做出了明确规定。具体如下：

（1）在《关于加强房地产用地供应和监管有关问题的通知》（国土资发〔2010〕34 号）中明确，"要严格土地出让条件，确定为中低价位普通商品房用地的，出让方案中要增加房地产主管部门提出的住房销售价位、套数、套型面积等控制性要求，并写入出让合同，约定违约处罚条款"。

（2）在《关于进一步加强房地产用地和建设管理调控的通知》（国土资发〔2010〕151 号）中明确，"要严格制定土地出让的规划和建设条件，确定拟出让地块的位置、使用性质、开发强度、住宅建筑套数、套型建筑面积等套型结构比例条件，作为土地出让的规划条件，列入出让合同。对于中小套型普通商品住房建设项目，要明确提出平均套型建筑面积的控制标准，并制定相应的套型结构比例条件。要严格限制低密度大户型住宅项目的开发建设，住宅用地的容积率指标必须大于 1"。

（3）在《关于严格落实房地产用地调控政策促进土地市场健康发展有关问题的通知》（国土资发〔2010〕204 号）中明确，"省（区、市）国土资源主管部门要加强对市、县招拍挂出让公告的审查，对发现存在超面积出让、捆绑出让、'毛地'出让、住宅用地容积率小于 1、出让主体不合法等违反政策规定的出让公告，及时责令市、县国土资源主管部门撤销公告，重新拟定出让方案。违反规定出让的，应责令立即终止出让行为，并依法追究责任"。

表 7-1 国家工程项目建设用地指标统计表

序号	类别			项目	出台年份	用地指标情况
1	电力工程项目	火力发电厂	厂区	燃煤发电厂	2010	包括基本指标、单项指标和调整指标，按照不同的规划容量和机组容量分区，按照技术条件分别制定。其中：（1）基本指标分 11 种技术条件分别制定用地指标；（2）单项指标是指组成厂区相应功能分区，包括主厂房、冷却设施、配电装置、运卸煤和贮煤设施、化学水处理设施、制（供）氢设施、脱硝、脱硫、除灰渣、雨水泵房及贮水池、启动锅炉、燃油设施、给水设施、废水处理设施、其他辅助生产和附属建筑物等，按照不同技术条件和机组容量制定用地指标；（3）调整指标根据工程技术条件和标准规定指标和调整方法
				燃气—蒸汽联合循环发电厂		包括基本指标、单项指标和调整指标 3 项指标，其中：（1）基本指标分 5 种技术条件制定，按照不同机组类型、机组构成、机组容量分别规定用地指标；（2）单项指标包括动力装置、冷却设施、配电装置、天然气调压站、化学水处理设施、给水设施、污水处理设施、制（供）氢设施、启动锅炉房、其他辅助生产和附属建筑物等，按照不同机组类型、机组构成和机组容量分别规定用地指标；（3）调整指标按照实际技术条件不同与规定技术条件的差异进行相关调整
				整体煤气联合循环 (IGCC) 发电厂		包括基本指标和调整指标，其中：（1）基本指标分 8 种技术条件，按照不同规划容量和机组容量分别规定用地指标；（2）单项指标按功能分区划分，按照不同机组容量和技术条件分别规定相应调整指标和调整办法；（3）调整指标按照机组容量规定增减
			生物质能发电厂	秸秆发电厂		采用基本指标、单项指标和调整指标 3 项指标，其中：（1）基本指标和灰色秸秆 2 种，按照不同机组容量规定用地规模；（2）单项指标包括厂区的各功能分区，按照不同规划容量规定用地规模；（3）调整指标根据实际技术条件进行调整，条件与规定技术条件不相符时进行调整
				垃圾发电厂		包括基本指标、单项指标和调整指标，其中：（1）基本指标分为黄色用地指标；（2）单项指标包括厂区用地指标，按照不同规定容量规定实际技术条件与规定用地指标；（3）调整指标按照机组容量规定增减

序号	类别	项目		出台年份	用地指标情况
	核电厂	厂外工程			根据机组容量和生产规模直接规定用地指标
		厂区			包括基本指标、单项指标和调整指标，其中：（1）基本指标按照规划容量、布置方式和机组机组容量分别规定用地规模；（2）单项指标指各功能分区的用地指标，按照不同机组容量规定各功能分区用地规模；（3）调整指标规定相应的调整值和调整办法
		其他设施			直接规定相应设施的用地规模
	变电站和换流站	110kV变电站站区			包括基本指标和调整指标，基本指标按照不同的技术条件规定用地规模；调整指标根据不同的技术条件进行调整
		220kV变电站站区			
		330kV变电站站区			
		500kV变电站站区			
		750kV变电站站区			
		1000kV变电站站区			
		正负500kV换流站		2011	包括基本指标、单项指标和调整指标，其中：（1）基本指标按照不同的技术条件制定；（2）单项指标根据不同的技术条件制定；（3）调整指标根据不同的技术条件上下调整
	风电场	风电机组			包括单台机组基本指标、风电机组基本用地指标，风机容量和单台容量规定用地规模；调整系数根据填方地基调整系数，按照装机容量和单台容量规定用地规模，其用地指标乘以相应的系数
		机组变电站			包括单台机组变电站基本用地指标，机组变电站用地指标，按照不同机组容量规定用地规模
		集电线路	电缆线路		分为永久用地和临时用地，用地指标等干线路线路宽度乘以线路长度
			架空线路		只计算杆塔基础用地，按照水泥基础杆形式和铁塔形式规定用塔基础用地规模

序号	类别	项目			出台年份	用地指标情况
		升压变电站及运管理中心			2009	分为 66kV/110kV/220kV/330kV 4 种升压变电站类型，按照规模和布置条件规定用地规模
		交通道路				按照道路类型和路基宽度规定用地规模
		进井场道路				按照地形地貌规定用地宽度，用地规模等于用地宽度乘以用地长度
		井场	采油井场			按照类别规定用地面积
			注水井场			
		计量站和配水间	计量站			按照规模规定用地面积
			集油间			
			配水间			
			注配间			
	油田工程	接转站				按照规模规定用地面积
2	石油天然气工程项目	注入站和配制站				按照规模规定用地面积
		含油污水处理站				按照规模规定用地面积
		集中处理站				按照规模规定用地面积
		油田集气站和增压站				按照规模规定用地面积
		进井场道路				根据类别确定用地面积
	气田工程	集气站				包括用地面积和调整值，按照规模规定用地面积
		增压站				按照规模确定用地面积
		脱水（硫）站				按照规模规定用地面积
		•单位工程				按照类别规定用地面积
		天然气净化（处理）厂				包括用地面积和调整值，按照规模规定用地面积
	长距离输	原油管道场站				按照规模规定用地面积

序号	类别	项目	出台年份	用地指标情况
	油气管道工程	成品油管道站场		包括用地面积和调整值，按照规模规定用地面积
		天然气管道站场		包括用地面积和调整值，按照规模规定用地面积
	用地指标调整	地形地貌调整系数		按照地形地貌规定式规定调整值
		指标调整		适用条件和相关标准与本指标设定条件不一致时，经论证后可根据实际标适当调整
3	煤炭工程项目	矿井	矿井工业场地	2008	分为有选煤厂和无选煤厂两种情况，按照建设规模确定用地面积和单位产能用地指标
			矿井其他场地		包括用地面积和调整指标，容积率
	选煤厂和筛选厂	选煤厂		按照建设规模规定用地面积和单位产能用地指标
		筛选厂		
	标准轨距铁路装（卸）车站	矿井装车站		包括用地面积和调整值，按照车站图型和到发线有效长度规定用地面积、调整值按照每米挖填高度进行调整
		矿井快速定量装车装车站		包括用地面积和调整值，按照车站图型和到发线有效长度规定用地面积、调整值按照每米挖填高度进行调整
		矿区型及群矿型矿型装煤厂装车站		包括用地面积和调整值，按照车站图型和到发线有效长度规定用地面积、调整值按照每米挖填高度进行调整
	矿区辅助设施	矿区辅助企业及设施		按照规模规定用地面积
	露天矿区辅助设施	露天矿	2011	包括用地面积和调整系数，按照规模规定用地面积
		行政设施		包括建设用地指标和调整系数，按照规模规定用地指标
		辅助企业及设施		包括用地面积、用地指标和调整系数，按照规模规定用地面积
4	新建铁路工程	新建客货共线铁路	2008	包括综合建设指标、单项指标和单项设置用地面积，综合建设指标和调整指标，地形类型按照类型规定用地指标，调整值按照类型设置调整值

序号	项目	类别	项目	出台年份	用地指标情况
5	公路工程项目		新建客运专线铁路	2011	包括综合建设指标、单项指标综合建设指标和单项指标按照类型规定用地指标
			总体指标		按公路公里长度编制计算
			路基工程		包括路基宽度、路基高度和用地指标，调整系数按照地形类别进行设置，其中用地指标按路基公里长度编制计算
			隧道工程		按照公路等级和隧道等级、车道数分围岩等级规定用地指标
			交叉工程		按照交叉形式规定用地指标
		沿线设施	收费设施		按照设施类型和公路等级定用地指标
			服务设施		包括用地指标基准值和调整系数，用地指标基准值按照公路技术等级、车道数，进行设定，调整系数按照公路技术等级、车道数和路段交通量设置
			监控通信设施		根据项目实际需要设置
			养护设施		根据养护设施类型规定用地指标
6	民用航空运输机场工程项目	飞行区	升降带及其附属设施	2011	根据跑道长度、跑道同距设定用地指标
			平行滑行道		根据跑道长度、跑道同距设定用地指标
			助航灯光设施		按照助航灯光系统类别设定用地指标
			通信导航设施		根据实际情况设定各台站的用地指标
		航站区、货运区、机务维修区	航站区		按照年旅客吞吐量规定用地指标
			货运区		按照年货邮吞吐量、货机位规定用地指标
			机务维修区		按照年旅客吞吐量规定用地指标
			供油设施		按照油库储量设定用地指标
			场外道路、管缆及其他设施		进场道路参照有关国家公路建设用地指标，其他设施按照相关标准结合实际情况计算用地面积
7	公共图书馆			2008	主要采用建筑面积、容积率、建筑密度、用地面积等4个指标，用地面积按照服务人口和藏书量设置各指标的值

続表 → 续表

序号	类别	项目		出台年份	用地指标情况
8	体育训练基地	文化馆		2008	建设用地指标控制包括建设用地总面积控制指标、建筑面积控制指标、建筑面积及规模参照指标，最小容积率控制指标、建筑密度控制指标及室外活动场地控制指标
9	体育训练基地	通用训练馆用地		2011	采用用地面积控制指标，按照训练用地面积
		通用配套用房			采用人均用地面积指标，按照建设规模和规格分别制定用地面积
		绿化与交通通用地			采用绿地率指标和道路占比作为用地控制指标
10	城市社区体育设施	基本项目	篮球、排球、足球、门球	2005	采用面积指标，根据项目规模确定场地面积
			游泳		根据项目类型规定场地长度、宽度、池侧缓冲距离、池端缓冲距离、更衣室面积、设备用房面积和场地面积
			轮滑、滑冰		根据项目类型规定场地长度、宽度、护栏外缓冲距离和场地面积
			武术、体育舞蹈、体操、儿童游戏		直接规定了场地面积
			长走、跑步		采用面积指标，根据项目长度设定场地面积
			棋牌、台球、器械健身		根据项目类型设定设置面积指标
			配套设施		按照设施项目数量设置设施面积指标值
11	城市生活垃圾处理和给水与污水处理工程	城市生活垃圾卫生填埋处理工程		2005	采用用地总面积指标、绿地率指标、行政办公与生活服务设施用地面积比例3个指标，绿地率、用地面积指标按照项目类型分别规定指标值
		城市生活垃圾焚烧处理工程			
		城市生活垃圾堆肥处理工程			采用用地指标、绿地率、行政办公与生活服务设施用地面积比3个指标，用地指标按照项目类型分别设定指标值
		城市生活垃圾转运工程			
		城市给水工程			采用用地指标和行政办公与生活服务设施用地面积比类型、规模设定指标标准、面积指标按照项目类型
		城市污水处理工程			

序号	类别	项目	出台年份	用地指标情况
12		城市普通中小学校舍	2002	采用总建筑面积指标、生均建筑面积指标、功能分区使用面积指标，功能分区使用面积指标按照功能分区和规模设定。其中：（1）总建筑面积和生均建筑面积按照项目类型和规模设定；（2）功能分区使用面积指标按照分区和规模设定
13		石油储备库工程	2009	采用建设用地和建筑面积指标，用地面积按照设施类型和规模设定，建筑面积按照建筑类型进行设定
14		监狱	2010	采用人均建筑面积指标，按照用房类型和规模设定指标值
15		拘留所	2008	采用人均建筑面积指标，按照用房类型和规模确定指标值
16		看守所	2002	采用人均建筑面积指标，按照用房类型和规模确定指标值
17		强制戒毒所	2005	采用人均建筑面积指标，按照用房功能和类型设定指标值
18		综合医院	2008	采用床均建筑面积、各类用房占总建筑面积比例、单项建筑面积指标和床均用地指标，按照项目类型和建设规模设定各指标
19		中医医院	2008	采用床均建设用地面积、各类用房占总建筑面积比例、单项建筑面积指标，按照项目类型和建设规模设定指标值
20		粮食仓库	2001	采用建筑面积指标和吨粮食建筑面积指标，按照粮食种类和规模设定指标值
21		海港通用码头	1996	采用建筑面积和占地面积指标，按照年吞吐量设定指标值
22		河港通用码头	1992	采用建筑面积指标，按照设计年吞吐量确定指标值

5. 各地发布实施的建设用地控制标准

为进一步贯彻落实最严格的节约用地制度，近年来，北京、江苏、辽宁、江西、陕西、广州、上海、河北等省市在严格执行国家发布的土地使用标准的同时，结合本地实际，加快推进土地使用标准制定工作，陆续发布了多项符合当地资源条件和节约集约要求的地方土地使用标准，主要包括高等教育、保障性住房、墓葬项目、监狱项目、仓储项目、卫生系统等方面。具体标准如下：

（1）高等教育

①《北京城市建设节约用地标准（试行）》（高等教育部分）。

②《陕西省建设用地指标（2007年版）》（高等教育部分）。

（2）保障性住房

①《北京城市建设节约用地标准（试行）》（保障性住房部分）。

②《江西省建设用地控制指标（2011年版）》（保障性住房部分）。

（3）墓葬项目

①《江西省建设用地控制指标（2011年版）》（墓葬项目部分）。

②《辽宁省城市基础设施、公益事业建设项目用地控制指标（试行）》（墓葬项目部分）。

③《江苏省建设用地指标（2010年版）》（墓葬项目部分）。

④《河北省主要项目建设用地控制指标（2012年版）》（墓葬项目部分）。

（4）监狱项目

①《陕西省建设用地指标（2007年版）》（监狱项目部分）。

②《江苏省建设用地指标（2010年版）》（监狱项目部分）。

（5）仓储项目

①《江西省建设用地控制指标（2011年版）》（仓储项目部分）。

②《江苏省建设用地指标（2010年版）》（仓储项目部分）。

③《河北省主要项目建设用地控制指标（2012年版）》（仓储项目部分）。

（6）卫生系统

①《江苏省建设用地指标（2010年版）》（卫生系统部分）。

②《辽宁省城市基础设施、公益事业建设项目用地控制指标（试行）》（卫生系统部分）。

③《江西省建设用地控制指标（2011 年版）》（卫生系统部分）。

④《河北省主要项目建设用地控制指标（2012 年版）》（综合医院项目部分）。

（7）电力工程项目

《河北省主要项目建设用地控制指标（2012 年版）》（风力发电厂、光伏发电厂项目部分）。

（8）加油站、加气站项目

《河北省主要项目建设用地控制指标（2012 年版）》（加油站、加气站项目部分）。

（9）铁路工程项目

《河北省主要项目建设用地控制指标（2012 年版）》（铁路项目部分）。

二、建设用地标准控制的成效

1. 有效控制"高、大、剩、低、差"的项目用地

随着建设用地标准逐步修订和实施，各地尤其是在工业园区，逐步掀起了实行建设项目用地准入标准的热潮，纷纷建立了环境保护、土地利用强度、投入产出等方面的准入标准。加上限制禁止用地目录的修订和实施，有效地控制了资源消耗高、环境危害大、产能过剩、土地利用强度低、投入产出效益差的项目用地。

2. 促进工业用地节约集约和优化配置

2008 年，通过工业项目建设用地控制指标的修订和实施，以及工业项目的投资强度、容积率、建筑系数、行政办公及生活服务设施用地所占比重、绿地率等 5 项控制指标的明确，加强了工业项目建设用地管理，促进实现了工业用地节约集约和优化配置。

3. 有效控制工程建设项目用地规模

近年来，随着城市普通中小学校校舍建设标准、石油储备库工程项目建设标准、监狱建设标准等工程建设项目用地指标的修订和实施，

通过总建筑面积、人/床均建筑面积、分项建筑面积、建筑密度、容积率等控制指标的实行，有效地规范了工程项目的建设使用，达到了控制建设项目用地规模的目的。

4. 促进房地产用地的节约集约利用

2010 年，国土资源部 3 个房地产调控文件的发布，对商品住宅用地单宗出让面积、住房用地容积率控制标准等做出了明确规定，从房地产用地的源头，即拿地时就有效地保障了房地产用地的节约集约利用水平，加强了房地产用地管理，规范了房地产用地的使用，提高了土地开发利用效率。

三、建设用地标准控制的不足

1. 部分建设用地使用标准缺失

建设用地标准控制制度是节约集约用地的基础，虽然目前所制定的工业用地控制指标、限制和禁止用地目录等均取得了较好的效果，但仍有一些建设用地使用无"标准"所依。一方面，部分工程项目建设用地标准相对应的土地使用标准缺乏，各地只能在符合国家相关产业政策和供地政策的情况下，根据已有的工程项目建设用地标准，结合当地土地利用投资强度、容积率、建筑系数等控制要求，推算建设用地控制指标。另一方面，部分建设用地，如商业用地等，只能根据当地城乡规划的控制要求进行建设。亟需抓紧制定相关标准，从总体上进行控制，节省土地。

2. 建设用地标准分类尚需完善

目前的建设用地标准分类混乱，小类、中类与大类并存，土地用途与建筑用地基本等同。如工程项目建设用地标准与工业项目建设用地控制指标明显不在一个层次和类别。工程项目建设用地标准偏细，同时从建筑用地的角度规定建设用地标准，达到的节约集约用地效果有限，而且过于详细的建设用地标准一定程度上影响了土地使用效率，亟需制定完整的建设用地标准分类体系，保障从源头上促进建设用地标准的制定和实施。

3. 与评价制度的衔接配合不够

评价制度是建设用地标准控制制度的合理来源，评价成果是建设用地使用标准完善的依据，而建设用地使用标准又是评价制度的基础，评价的基础数据包含了使用标准，因此两者应是互相完善互为依托的关系。然而目前我国的建设用地使用标准与建设用地评价内容存在严重脱节，如建设用地节约集约利用评价规程中明确中心城区建设用地节约集约评价包括商业功能区，而建设用地使用标准中却无法找到与之相对应的标准，增加了评价的工作量，造成了我国的建设用地使用标准迟滞不前，而评价成果又不知所用的状况。

第二节　基于全行业的建设用地标准控制制度设计

一、制度设计的基本思路

1. 建设用地标准分类体系确定

遵循覆盖全行业的原则、与现有评价体系分类相衔接的原则、行业用地特点一致的原则等，综合考虑目前现有国家及地方层面的建设用地标准分类、《国民经济行业分类》（GB/T 4754—2011）、《土地利用现状分类》（GB/T 21010—2007）、城市建设用地节约集约用地评价分类以及行业特点等，确定建设用地标准分类体系。

2. 建设用地标准指标体系确定

遵循有效控制土地使用的原则、与现有建设用地标准指标体系和现有建设用地评价指标体系相结合的原则、简易实用的原则等，综合考虑目前国家层面及各地方的建设用地标准指标体系、城市建设用地节约集约用地评价指标体系以及其他建设用地标准指标体系，确定建设用地标准指标体系。

3. 建设用地标准指标控制值确定

遵循节约集约土地的原则、与目前国家已有建设用地标准和已有成果相衔接的原则、先急后缓的原则等，综合考虑目前国家层面的建设用地标准指标控制值、各地方建设用地标准指标控制值、城市建设用地节约集约评价成果等，确定建设用地标准指标值。

二、制度设计的具体方案

1. 建设用地标准分类方案

通过分析发现，各地的建设用地标准分类均在国家的基础上，根据自身所有的类型进行确定，因此为了达到覆盖全行业的目的，并且便于土地管理工作，根据《国民经济行业分类》（GB/T 4754—2011）、《土地利用现状分类》（GB/T 21010—2007）、城市建设用地节约集约用地评价分类以及各行业建设用地用途，确定建设用地标准分类体系如表 7-2 所示。

表 7-2　建设用地标准分类体系

类型		含义
住宅用地		见《土地利用现状分类》（GB/T 21010—2007）07 一级类
教育用地		见《国民经济行业分类》（GB/T 4754—2011）82 大类
商服用地	批发零售用地	见《土地利用现状分类》（GB/T 21010—2007）05 一级类
	住宿餐饮用地	
	商务金融用地	
	其他商服用地	
工矿仓储用地	工业用地	见《国民经济行业分类》（GB/T 4754—2011）13～43 大类
	采矿用地	见《土地利用现状分类》（GB/T 21010—2007）062 二级类
	仓储用地	见《国民经济行业分类》（GB/T 4754—2011）59 大类
电力、热力及水生产		见《国民经济行业分类》（GB/T 4754—2011）44、46 大类中生产部分
公共管理用地	机关团体用地	见《土地利用现状分类》（GB/T 21010—2007）081 二级类
	新闻出版用地	见《土地利用现状分类》（GB/T 21010—2007）082 二级类

类型		含义
科研用地		见《国民经济行业分类》（GB/T 4754—2011）73大类
医卫慈善用地		见《土地利用现状分类》（GB/T 21010—2007）084二级类
文化	图书馆	见《国民经济行业分类》（GB/T 4754—2011）87大类
	博物馆	
	文化馆	
	青少年宫等	
体育		见《国民经济行业分类》（GB/T 4754—2011）88大类
交通运输用地	铁路用地	见《土地利用现状分类》（GB/T 21010—2007）10一级类
	公路用地	
	港口码头用地	
	机场用地等	
公共设施用地		见《土地利用现状分类》（GB/T 21010—2007）087二级类
特殊用地	军事设施用地	见《土地利用现状分类》（GB/T 21010—2007）09一级类
	使领馆用地	
	监教场所用地	
	宗教用地	
	殡葬用地	

2. 建设用地标准指标体系

在完善的分类体系下，根据各地相应建设用地标准控制指标、现有的建设用地节约集约利用评价指标以及各行业用地特点，确定建设用地标准指标体系如表 7-3 所示。

表 7-3　建设用地标准指标体系

类型	指标体系	参考资料来源
住宅用地	容积率、建筑密度、绿地率、投资强度	《建设用地集约集约评价规程》（TD/T 1018—2008）

类型		指标体系	参考资料来源
教育用地		容积率、建筑密度、绿地率、投资强度	《建设用地集约集约评价规程》(TD/T 1018—2008)
商服用地		容积率、建筑密度、投资强度	《建设用地集约集约评价规程》(TD/T 1018—2008)
工矿仓储用地	工业用地	投资强度、容积率、建筑系数、行政办公及生活服务设施用地所占比重、绿地率五项指标	《工业项目建设用地控制指标》(国土资发〔2008〕24号)
	采矿用地	用地面积（包括矿井、生产设施、矿区内部道路占地面积以及行政办公楼、宿舍、职工食堂、浴室和其他生活服务设施等）、交通用地面积	国家要求等
	仓储用地	单位用地指标	河北、江西、广州、江苏
电力、热力及水生产		投资强度、容积率	河北、上海、广州、江苏
公共管理用地	机关团体用地	容积率、建筑密度、单位用地指标	江苏
	新闻出版用地		
科研用地		平均建筑容积率、绿地率	江苏
医卫慈善用地		容积率、绿地率、单位用地指标	广州、江苏、河北
文化		容积率、建筑密度、室外活动场地面积	国家规定等
体育		单位用地面积、容积率、建筑用地面积、绿地率	广州、江苏
交通运输用地	铁路用地	根据国家要求《新建铁路工程项目建设用地指标》(建标〔2008〕232号)、《公路工程项目建设用地指标》(建标〔2011〕124号)执行	
	公路用地		
	港口码头用地	建筑面积、占地面积等	国家要求

类型		指标体系	参考资料来源
	机场用地	用地面积、绿地率	广州、江苏、河北
	管道运输用地	单位用地指标、调整指标	广州、江苏
公共设施用地		单位用地指标、用地规模	北京、上海、广州、江苏、天津
特殊用地	军事设施用地	容积率、绿地率	——
	使领馆用地		
	监教场所用地	单位用地面积、用地规模、容积率、绿地率	河北、辽宁、天津
	宗教用地	用地规模、容积率、绿地率	——
	殡葬用地	单位用地面积、用地规模	河北、辽宁、天津、广州、江西

3. 建设用地标准控制指标

建设用地标准不可一蹴而就，需根据实际情况逐步确定，因此，本书根据先急后缓以及充分利用现有评价结果的原则，综合考虑国家现有标准，确定住宅用地、教育用地以及商服用地控制指标。

（1）住宅用地控制指标

在住宅用地控制指标体系中，仅容积率指标国家有相应要求，且各地有相应评价结果，因此，本部分仅对容积率控制指标进行分析确定。如表 7-4 所示，2010 年，国土资源部发布的《关于进一步加强房地产用地和建设管理调控的通知》（国土资发〔2010〕151 号）中明确指出，"要严格限制低密度大户型住宅项目的开发建设，住宅用地的容积率指标必须大于 1"。而 2011 年天津和银川建设用地节约集约利用评价成果中住宅用地集约用地类型的综合容积率范围分别为 0.52~4.7 和 0.48~3.65，2008 年北京颁布的《北京城市建设节约用地标准（试行）》中对住宅用地的容积率要求为"大于等于 0.6"，均低于国家要求。国家要求颁布的时间较晚，因此城市住宅用地的容积率控制值根据国家最新要求进行确定，控制指标为大于 1。

表 7-4   各地节约集约评价成果中集约利用类型容积率指标值统计表

地区	住宅用地容积率	
	依据	范围
国家	《关于进一步加强房地产用地和建设管理调控的通知》（国土资发〔2010〕151 号）	大于 1
天津	城市建设用地节约集约用地评价成果（2011 年）	0.52~4.7
宁夏	城市建设用地节约集约用地评价成果（2011 年）	0.48~3.65
北京	《北京城市建设节约用地标准（试行）》（2008 年）	大于等于 0.6

（2）教育用地控制指标

在教育用地控制指标体系中，仅容积率指标和建筑密度指标可参考城市建设用地节约集约利用评价成果，因此，本部分仅对容积率和建筑密度进行确定。

①容积率

利用现有天津和银川城市建设用地节约集约利用评价成果，需遵循节约集约的原则，因此，选取了评价成果中集约利用类型教育用地容积率的最低值作为参考值，并参考国家和地方相应标准，对指标控制值进行确定，如表 7-5 所示，北京、宁夏以及天津的最低值相差不大，因此将容积率的最低控制值确定为 0.57。

表 7-5   各地节约集约评价成果中集约利用类型评价综合容积率和建筑密度
指标值统计表

地区	教育用地综合容积率		教育用地建筑密度	
	依据	范围	依据	范围
国家	——	——	《普通高等学校建筑规划面积指标》（建标〔1992〕245 号）	教室、图书馆、实验科研用房、教工住宅、学生宿舍等建筑覆盖率不小于 23.5%，食堂、风雨操场、会堂，建筑覆盖率不小于 31.5%
北京	《北京市城市建设节约用地标准（试行）》	大于等于 0.6	——	——

续表

地区	教育用地综合容积率		教育用地建筑密度	
	依据	范围	依据	范围
天津	城市建设用地节约集约用地评价成果（2011年）	0.67~3.32	城市建设用地节约集约用地评价成果（2011年）	18.45%~55.59%
宁夏	城市建设用地节约集约用地评价成果（2011年）	0.57~0.70	城市建设用地节约集约用地评价成果（2011年）	12.00%~21.00%

②建筑密度

建筑密度根据天津和银川城市建设用地节约集约利用评价成果中集约利用类型教育用地的建筑密度值，结合国家相关标准进行确定。如表7-5所示，可知国家1992年的建设标准中教育用地建筑密度最低控制值在23.5%~31.5%之间，天津和银川建设用地节约集约用地评价成果中集约利用类型的建筑密度值总体上范围分别在18.45%~55.59%之间和12.00%~21.00%之间，与国家的建设标准推算值相比偏低。由于国家1992年的建设标准仅规定了各种建筑的覆盖率，缺乏对预留用地等方面的考虑，因此，建筑密度的指标控制值重点参考各地区的评价结果进行确定，同时遵循节约集约利用的原则，将建筑密度控制值确定为12%。

（3）商服用地控制指标

商服用地控制指标体系中仅容积率指标有可参考的评价成果，因此，本部分仅对容积率指标进行分析确定。根据数据统计分析，可得到天津和银川建设用地节约集约用地评价成果中集约利用类型商服用地综合容积率的范围分别为1.11~5.45和0.90~3.18，因此可将商服用地的容积率控制指标定为0.90。

第八章 城乡统一市场的土地资源配置制度

第一节 土地资源的市场配置机制

一、土地市场概述

由于本书的主要研究对象是城市建设用地，因此，文中所说的土地市场主要是指与城市建设用地相关的土地市场。根据土地市场中交易主体、交易客体的不同可以将我国土地市场分为 3 种类型，分别为土地征购市场、土地一级市场和土地二级市场，如表 8-1 所示。

1. 土地征购市场

土地征购市场，主要反映的是国家和农村集体经济组织之间的关系，市场的客体主要是土地所有权，包括 2 种情况：一是国家通过征收或征用方式，有偿地从农村集体经济组织获得土地所有权的买方垄断市场，我国的新增建设用地就来源于此。在该市场中国家决定了征地的数量、区位以及价格等，同时国家也是唯一的土地合法购买者，具有强制性。征地价格是国家法定的，通过补偿的方式给予，补偿按照被征收土地原用途的产值进行计算。二是国家对使用期满、用地者撤销迁移、违法使用或闲置等存量土地依法收回，一般不给予补偿，国家是唯一合法的买方。

表 8-1　中国城市建设用地土地市场结构

市场类型	市场主体	市场客体	交易方式	市场结构
土地征购市场	农村集体经济组织、县级以上地方人民政府、土地经营者、土地使用者	土地所有权、土地使用权（占小部分）	土地征收或土地征用、依法收回	垄断
土地一级市场	政府（土地所有者）、土地经营者、土地使用者	土地使用权	出租、出让、划拨、作价出资（入股）、授权经营	垄断
土地二级市场	土地经营者、土地使用者、中介	土地使用权	转让、转租、抵押等	垄断竞争

2. 土地一级市场

土地一级市场反映国家和土地使用者之间的关系，是指在服从城市规划、土地利用总体规划等规划的前提下，国家把一定年限的土地使用权，通过出让、出租、划拨等方式，转移给土地使用者的垄断市场。国家是唯一合法的卖方，土地所有权不变，流通的只是土地使用权，包括从农民集体经济组织中征购的土地和依法收回的存量土地 2个部分。

出租和出让为市场化方式，作价出资（入股）和授权经营为准市场化方式，划拨为非市场化方式，只有国家公益性事业才能以这种方式供给土地。出租是政府逐年向土地使用者收取土地出让金（地价）的交易方式，而在土地出让中土地使用者缴纳的地价是一次性付清的。与出让相比，出租下的投资商支付的地价少，用于直接生产、经营的投资相对较多，在很大程度上可以避免土地闲置，且逐年收取地价可以避免因地租逐年上涨而造成的本应由国家收取的收益流入土地使用者手中。但对于土地使用者来说，出让所耗费的资金数量巨大，难以在后续投入更多的资金（金丽国，2012）。

出让又包括协议出让、招标、拍卖和挂牌方式。通过协议方式产生的协议价格一般较为低廉，对改善一个地区的投资环境、吸引外资有很好的作用，但由于其公开性、透明度差，主观性强，不能发挥土地市场的作用，不利于资源的合理配置。相比之下，招标、拍卖和挂牌方式，市场化程度较高。招标方式由土地管理部门代表政府以公开招标的方式出让土地使用权，政府控制地价的"底价"，通过综合考虑投标价、竞投者的实力、投标规划方案等进行确定，所以不完全是价高者得。而拍卖方式又比招标方式的市场化程度更高，土地管理部门就某块土地的使用权公开叫价出让，价高者获得土地使用权，地价完全由土地供求关系确定。

3. 土地二级市场

土地二级市场是反映土地使用者之间关系的竞争市场，也叫土地使用权转让市场。转让是指土地使用者通过出售、交换和赠与等方式，按照土地使用权出让合同规定的条件，将土地使用权再转移的行为。有的是剩余年限土地使用权的完全转移，有的又进一步分离出抵押权、租赁权或典当权等他项权利。转让价格是在土地一级市场中土地价格的基础上形成的，除了受到国家和地方政府的政策限制外，主要由市场机制和竞争机制决定，但目前市场化程度并不高。在目前一级市场优质地块稀缺的情况下，开发商从一级市场获取理想地块的难度日益加大，二级市场无疑给开发商提供了更多拿地的途径，但是由于二级市场的不健全，使得隐形的二级市场活跃异常（李玲玲，2008）。

此外，在该市场中中介者成为不可替代的市场主体之一，它为买卖双方之间提供重要的信息交换、市场服务等，同时也是政府与交易主体间沟通的桥梁。中介者的实力、素质和公正程度对市场产生着越来越大的影响（李涛，2004）。现实中土地使用权在二级市场中的转移很可能已经经过了多轮次的转移，有的学者将其称为三级市场，由于其性质和二级市场类似，可以将其归入二级市场。

二、土地市场配置对节约集约利用的调控机制

市场是配置资源的基础手段和有效方式，实行土地资源配置的市场制度是节约集约利用土地的长效机制。土地市场由市场主体、市场客体、市场信息和交易方式组成，各个成分的变化都会导致节约集

利用变化。

1. 市场主体

土地市场主体是指土地供需双方，即土地交易活动的参与者，包括土地买卖双方或土地租让、受让双方。一般地，国家、集体、企业以及个人等都可以成为土地市场交易的主体。在完善的土地市场中，存在大量的买者和卖者，每个行为者只占极微小的市场份额，以至于没有谁能够决定市场价格。市场主体只是根据自己的利益独自决定是否进入或退出市场。对于某个市场主体来说，只是一个价格接受者。价格是土地供求关系的真实反映。

市场是通过土地的供求双方相互协调的过程来实现土地优化配置的。土地供求的相互协调不仅包含供求总量的协调，还包括供求结构的协调。因此，土地的优化配置不仅实现了土地效益的最大化，还实现了土地利用结构的优化调整。而供求双方的相互协调通过竞争机制和供求机制得以实现。

（1）竞争机制

竞争机制是随着土地价格的变化，通过影响土地供求关系，实现土地效益最大化的。

当土地价格升高时，土地供给者会增加（参见图8-1），而土地需求者会充分权衡土地取得成本与土地收益，土地使用效率较低的土地使用者会退出市场。此时土地供给大于土地需求，土地需求者成为市场的主导，他会选择条件最好的土地实现最大的收益，于是条件最好的土地在效率最高的土地使用者手中得到最佳利用。

当土地价格降低时，土地需求者会增加（参见图8-1），土地条件较好的土地供给者会退出市场。此时土地供给小于土地需求，土地供给者成为市场的主导，他会选择出价最高的土地需求者，于是条件较差的土地实现了效益的最大化。

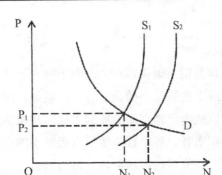

图 8-1　土地供求关系

（2）供求机制

供求机制是指土地供给和需求双方的相互影响机制，正是在土地供求双方相互影响下供求双方不断调整从而达到均衡。具体来说，在土地需求不变的情况下，随着土地供给的增加，S 曲线向右移动到 S_2（参见图 8-1），土地价格会降低。而土地价格降低，又会促使土地需求增加。土地需求增加，土地供给量不变，土地价格则会升高。土地价格升高又会刺激土地供给量增加；在土地供给不变的情况下，随着土地需求的降低，土地价格则会降低。而价格降低，土地供给也会降低。土地供给降低，土地需求不变，土地价格则会升高。而土地价格的升高又会刺激土地需求的降低。在这样的循环调整之下，供求双方就会逐渐趋于相互协调，达到均衡状态。与其他资源相比，土地供给弹性较小，如何有效地增加土地供给，实现土地需求的自我调节显得尤为重要（吴郁玲，2007）。

2. 市场客体

土地市场客体是指土地交易的对象，即不同层次的土地产权，包括土地所有权、使用权、租赁权和抵押权等。土地市场交易的本质是土地产权的交易，明晰的土地产权是发挥市场功能的基础，它能使土地所有者具有很强的动力去寻求带来最高价值的资源用途，有效地引导和激励产权主体不断提高资产的使用效率（陈红霞，2007），促进土地资源向高效率行业流动，避免资源的长期低效利用。另外，明晰的土地产权还有助于培养合格的市场主体，有效维护市场进出、交易和竞争秩序等，促进市场配置资源效率的提升（吴郁玲，2007）。

3. 市场信息

土地市场信息是指土地市场运行中产生的各种信息，主要包括价格信息、供求信息等。在完善的土地市场中，买卖双方都能方便地得到有关现在和将来市场情况的全部信息。市场信息的透明度通过影响买卖双方决策进而影响市场功能的有效发挥，包括买卖双方进出市场等。在交易过程中，如果市场信息透明度不高，即所谓的市场信息失灵，由于交易双方对现在土地价格等信息的了解程度不同，会出现信息不完全或信息不对称的现象。一方面，买方找不到卖方，卖方找不到买方，于是待卖出的土地只能闲置。另一方面，即使买方通过自身的关系网碰上了卖方，又会由于竞争不充分，土地资源不能流向效率最高、最能发挥土地价值的开发商，也不能形成合理的土地价格，就会扰乱土地市场（吴郁玲，2007）。

4. 交易方式

在完善的土地市场中，采用有偿使用方式进行土地交易，包括授权经营、作价出资（入股）、出让、转让等。一方面，有偿使用方式能促使土地使用者珍惜土地，最大程度地激发土地使用者按照利润最大化原则高效利用土地资源，如增加单位土地的劳动力、技术投入，提高土地容积率等，从而促进土地节约集约利用程度的提升。另一方面，市场化的有偿使用方式能充分反映市场主体的交易意愿，发挥竞争机制的作用，体现供求机制的作用等条件下有偿使用土地的方式，从而实现土地的优化配置，发挥土地的最大效益。

最有代表性的市场化有偿使用方式包括招标、拍卖、挂牌3种土地出让方式。其中招标方式是指通过政府公开招标的方式让渡土地产权，综合考虑投标价、投标规划方案、企业用地方式等进行择优确定中标者，该方式充分体现了商品等价交换的原则。拍卖方式是政府在指定的时间、地点，就某块土地产权公开叫价，价高者得，该方式充分发挥了竞争机制、供求机制的作用。挂牌方式是指出让人发布挂牌文件，按文件规定的期限在指定的土地交易场所将待出土地的交易条件挂牌公示，接受交易条件和竞买人报价的买方申请并更新挂牌价格，最终由挂牌期限截止时的出价结果确定土地买方（宋伟烨，2012）。

另外，由于逐年向土地使用者收取土地租金的方式，即采取年租制支付土地价格，保障用地企业在取得土地后能投入较多的资金利用土地，在很大程度上可以避免土地闲置。因此，应大力倡导使用年租制（吴育玲，2007）。

三、土地价格对节约集约利用的调控

土地价格是土地使用者利用土地的成本之一，由于土地使用者均以赚取土地收益与成本的差额为目的，因此，土地价格的变化影响着土地的投入产出比，即节约集约利用水平。下面我们将以两家企业为例来具体说明土地价格对节约集约利用的影响。如图 8-2 所示，假设在健全的市场机制下，市场上有两家企业分别为 h（高效率企业）和 l（低效率企业），使用相同的要素投入相同的土地进行生产，TP_h 和 TP_l 分别表示两家企业的投入产出情况，它们的生产成本投入分别在（Q_h, R_h]和（Q_l, R_l]范围内。由于在（Q_h, R_h]中的每个点对应的投入和产出都高于（Q_l, R_l]中的每个点，因此无论从单位土地的投入、产出情况，或者综合两者的角度对两家企业的土地节约集约利用水平进行评价，h 企业的土地利用效率均高于 l 企业。

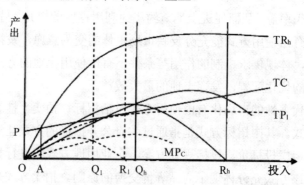

图 8-2　土地价格对土地节约集约利用的影响

土地出让价格的适当提高可以淘汰效率相对低下的企业，提升土地利用效率。如果市场完全竞争，h 企业和 l 企业的投入相同，则两

家企业成本曲线完全一致，图 8-2 中 TC 表示两家企业的成本曲线，那么 TC 曲线将会随着土地价格上下浮动而上下平移，当土地价格提高到 P 点后，低效率企业将无利可图，从而退出市场，高效率企业获得土地使用权。因此，土地出让价格的适当提升将会淘汰效率低下的企业。

土地出让价格的适当降低可以使地方政府获取竞争优势，促进地区经济增长。前提是地方政府必须对企业的生产效率充分了解，事先将低效率企业排除在外，如果了解不充分则会导致土地低效利用，而当土地出让价格回归到正常水平，这些企业将迅速被淘汰，于是大量建设用地被废弃、闲置。

土地出让价格的继续提高还会促进高效率企业提升土地节约集约利用水平。特别是对于一些具有明显区域垄断性质的企业，特定区位的土地使用权意味着直接得到该地区的市场垄断地位。如图 8-2 所示，如果高效率企业在产品市场具有绝对的垄断地位，该企业以价格 P 获取土地使用权后，只要投入在（A，Q_h]范围内，就可以获取较高的利润，但土地利用效率却不高。如果进一步提高土地出让价格，TC 曲线上移，与 TP_h 的交点将随之上移，投入产出逐渐提高，单位土地投入产出也提高，达到促进节约集约利用土地的目的。

对于土地市场中需求方的竞争非常激烈的情况，政府使用拍卖的方式出让土地，土地出让价格将继续提高到近似于土地的边际产出，此时企业只能获得正常利润，超额利润为 0，土地利用效率达到最高水平。因此，拍卖土地可以有效地保证高的土地利用效率。

第二节　土地市场配置在节约集约利用方面的成效与不足

一、取得的成效

1. 随着土地市场化程度提高，建设用地利用效率逐步提升

市场政策的不断出台实施，促进了建设用地使用效率的提升。从

1995 年《市房地产管理法》明确要求经营性土地出让实行招标、拍卖等方式开始，到 2001 年国务院发布关于《加强国有土地资产管理的通知》，明确要求商业性房地产开发用地以招标、拍卖方式出让，再到 2007 年实施的《物权法》，明确规定工业、商业、旅游、娱乐和商品住宅等经营性用地以及同一土地有两个以上意向用地者的，应当采取招标、拍卖等公开竞价的方式出让，使得招拍挂出让方式已逐步成为市场的主流，成效不断显现。国土资源公报统计数据显示，全国招拍挂出让土地面积和出让价款占出让总面积和总价款的比例逐渐增加（参见图 8-3），从 2011 年开始该比例均达到 90% 以上，以招拍挂方式出让的单位国有建设用地面积价格从 2010 年的 1010.49 亿元/公顷上升到 2013 年 1192.44 亿元/公顷，出让价格的不断提升必然使建设用地使用效率不断提升（2010～2013 年国土资源公报）。

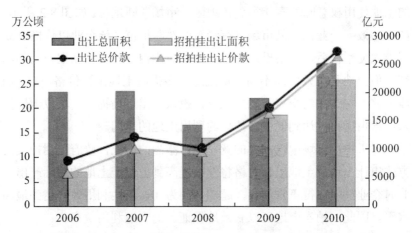

图 8-3　2006～2010 年国有建设用地出让面积及出让价款变化情况

（2010 年国土资源公报）

2. 土地供应机制的施行，使建设用地总量得到有效控制

政府通过建立土地储备制度，形成了国有土地先储备、开发，后出让、出租的统一收购、统一储备、统一有计划的土地供应机制，牢牢地握紧了增量和存量土地的供应权，保障了国家土地利用总体规划、城市规划的有效落实，促进了存量土地再利用，有效地抑制了新增建设用地的无序扩张和增长，从源头上实现了建设用地总量的控制。

3. 基准地价的定期公布，从源头上控制了节约集约用地水平

国家制定了基准地价定期公布制度，让投资者和土地使用者及时了解不同时段、不同用途的土地地价水平和变动趋势，从而根据自身需要和支付地租地价的能力调整土地利用方式，促进土地有序流转。同时基准地价还是评估宗地地价的基础，根据宗地条件对基准地价进行修订，即可得到具体宗地的价格。土地交易的底价就来源于此，于是间接地形成和规范了土地使用者节约集约用地水平的底限。

4. 市场秩序的不断规范，从一定程度上打击了土地投机

2003 年，为制止部分行业盲目投资和低水平扩张，国家出台了《关于暂停审批各类开发区的通知》（国办发明电〔2003〕30 号）、《国务院办公厅关于清理整顿各类开发区加强建设用地管理的通知》（国办发〔2003〕70 号）以及《国务院关于加大工作力度进一步治理整顿土地市场秩序的紧急通知》（国发明电〔2003〕7 号）等一系列政策，有效地制止了盲目设立开发区大量"圈地"之风。2006 年为进一步遏制开发商囤积土地的行为，国土资源部联合工商总局出台《国有土地使用权出让合同补充协议》，规定未能按期竣工的开发商需支付违约金，有效地抑制了土地投机行为（中国土地矿产法律事务中心课题组，2007）。

二、存在的不足

1. 一级市场

（1）政府垄断土地供应，土地配置效率低下

由于新增建设用地均由政府在土地征购市场中向农村集体经济组织获取，政府是一级市场的唯一土地供给者，地方政府负责进行实施。但地方政府为了谋求经济发展，往往利用供地招商引资，由于土地利用计划指标的限制，出现了滥用征地权的现象，于是越来越多的农用地在地方政府的主导下进入城市土地一级市场，扭曲了土地市场的竞争机制、供求机制，造成用地结构失调，不能发挥土地的最大效益（胡雅芬、沈映春，2005）。

（2）土地产权不清晰，不能充分发挥土地的整体效益和长期效益

所有权主体模糊，我国实行土地所有制，虽然法律规定国有土地所有权的代表是中央政府，但实际权力却控制在地方政府手中，造成地方政府在土地管理中，更多考虑的是地方的局部经济利益，忽略了整体利益和长期利益，忽视土地利用规划等现象时有发生（金丽国，2012）。

（3）有偿使用程度低，土地利用效率低下

在我国大量行政划拨土地存在的情况下，一些土地需求者会想方设法地采用划拨方式，地方政府在政绩的诱惑下滥用职权利用划拨方式出让土地的现象时有发生。由于划拨是无偿使用方式，不能发挥市场对土地节约集约利用的调控作用，因此土地使用者往往不会十分珍惜土地，造成土地节约集约利用水平低下，还扰乱了市场秩序。

（4）地价体系不完整，且更新缓慢，影响土地节约集约利用调控效果

由于我国多数地区标定地价处于缺位状态，有些又处于理论探讨与实验相结合阶段，直接影响企业对地价信息的获取。而基准地价又存在更新时间较长的问题，不能及时反映市场的实际状况，造成现实中的成交价格，可能由于过多的政策约束和部门干预，出现畸高或畸低的现象，造成一些土地利用效率高的企业不能获取土地，而一些土地利用效率低的企业又获取了土地，影响节约集约利用的调控效果（李涛，2004）。

2. 二级市场

（1）信息披露不充分，节约集约用地水平低下

市场主体互相隔绝，加上基准地价、土地登记资料等信息对社会公开不够，买卖双方往往信息不对称，一些买方只能通过一级市场获取土地，从一定程度上增加了新增建设用地的需求。对卖方来说，土地只能闲置。而通过关系网找到土地买（卖）方的，其土地价格绝大部分以协议方式进行确定，交易结果不仅背离市场供求关系，交易价格更是不能有效地激发土地使用者节约集约用地的热情。

（2）交易方式没有引入市场机制，市场配置土地功能受阻

由于二级市场没有充分引入市场化的交易方式，一方面市场竞争机制的功能得不到充分发挥，土地不能流向使用效益最高的土地使用者手中；另一方面市场供求机制的功能得不到充分发挥，影响土地供给与土地需求之间的相互协调，土地利用结构得不到优化调整。

第三节　城乡统一市场的土地资源配置制度设计

一、制度设计的基本思路

对于一级市场，允许集体土地入市，降低国家的垄断程度。修改《土地管理法》，赋予集体经济组织与城市国有土地及其主体地位一致、对等的土地财产权利。建立农村集体土地产权数据库，明确农村集体土地所有权主体，国家仍是一级土地市场的管理者，确保一级市场公开、透明、规范；扩大有偿使用范围，对非公益性用地划拨，坚决采用有偿使用方式进行供地；完善地价体系，显化土地价值，同时通过建立土地买方的交易历史信息档案，出台抑制土地投机的政策措施，打击投机。对于二级市场，将二级市场信息在一级市场信息平台下公布，引入土地一级市场相对成熟的"公开竞价"机制，扩大交易对象，充分显现土地资产的价值。

二、制度设计的具体方案

1. 允许集体土地入市

修改相应法律制度，将集体土地使用权和国有土地使用权统一纳入土地市场进行供应。将《土地管理法》第三十四条规定"任何单位和个人进行建设，需要使用土地的，必须依法申请使用国有土地"修改为"任何单位和个人进行建设，需要使用土地的，必须依法申请使用国有土地或者集体土地"。

将《土地管理法》第六十三条规定"农民集体所有的土地使用权

不得出让、转让或者出租用于非农业建设"修改为"在符合土地利用规划、城市规划等相关土地利用规定的前提下，农民集体所有的土地使用权可以进行出让、转让或者出租用于非农建设。不符合该前提的，不得出让、转让或者出租用于非农业建设"。

2. 明确农村集体土地所有权主体

所有权的体现就是所有权主体拥有或者支配使用权、收益权、分配权和最终处置权的各种权利。按照所有权的这个标准来对照，农村集体经济组织都不是真正的所有者。针对全国各地的不同情况，出台相应政策明确土地所有权主体为乡（镇）、村、村民小组或者个人，在各地建立农村集体土地产权数据库，逐户发证，实现土地产权的统一管理。

3. 扩大有偿使用范围

逐步对经营性基础设施和社会事业用地实行有偿使用。减少非公益性用地划拨，对以划拨方式取得用于经营性项目的土地，通过征收土地年租金等多种方式纳入有偿使用范围。除军事、保障性住房和涉及国家安全和公共秩序的特殊用地可以划拨方式供应外，国家机关办公和交通、能源、水利等基础设施（产业）、城市基础设施以及各类社会事业用地中的经营性用地，实行有偿使用。

4. 显化土地价值的同时，打击土地投机

尽快建立标定地价体系，形成完整的地价体系，同时定期公布标定地价和基准地价，规范土地使用权出让底价。在全国建立统一的信息化的土地交易历史档案，在各地进行的土地交易信息均及时上传，对于在3年内获得的土地使用权不得转让。

5. 建立统一的一、二级市场的土地交易信息发布平台

建立一个全方位的土地交易信息发布平台，使交易双方可以在任何时间、任何地点获取市场信息，市场信息应该包括土地供求信息、交易宗地信息、土地市场形势分析信息、土地新闻、土地政策法规及市场咨询信息等，提高土地二级市场交易的竞争性（叶明权，2005）。

6. 建立统一的一、二级市场的土地使用申请制

首先，土地使用者准备土地使用申请材料上报土地所在的县或市

国土资源管理部门，并提交土地所有权证复印件等资料。其中土地所有权人是农村集体经济组织的，在申请前应召开村民会议讨论同意，并附书面证明材料。

其次，国土部门审核后，对权属清楚、土地用途符合土地利用规划以及土地利用计划指标的，进行批准和公布。同时为保障土地交易的公开透明，并且充分发挥市场供求机制，公布时间至少为半个月。

再次，土地使用者根据情况再次提交与前面一致或者不一致的土地使用申请材料，并上报国土部门。

最后，达到公布时间后，国土部门根据土地需求者数量规定不同的土地交易方式。如果有 3 个以上的土地需求者应该利用招拍挂方式进行，达成流转协议后，土地交易双方在规定时限内持双方达成的协议和土地流转批准书，向市县国土资源管理部门申请办理登记手续，确认建设用地使用权和土地他项权利。

第九章 基于不同环节的税费调控制度

第一节 现行土地税费调控措施

我国针对城市建设用地节约集约利用的税费一共有 8 个种类，根据税费发生的环节可以分为土地取得环节、土地保有环节和土地转移环节。土地取得环节包括新增建设用地土地有偿使用费和土地出让金，土地保有环节包括城镇土地使用税和土地闲置费，土地转移环节包括土地增值税、企业（个人）所得税、印花税以及契税。

一、土地取得环节税费调控制度

1. 在取得环节征收新增建设用地土地有偿使用费

新增建设用地土地有偿使用费是指国务院或省级人民政府在批准农用地和未利用地转用、征用土地时，向取得出让等有偿使用方式的新增建设用地的县、市人民政府收取的平均土地纯收益。收费目的是加强新增建设用地的管理，保证新增建设用地土地有偿使用费专项用于耕地开发，实现耕地总量的动态平衡。2006 年 11 月为了抑制建设用地总量过快增长，促进节约集约用地，财政部、国土资源部、中国人民银行联合下发《关于调整新增建设用地土地有偿使用费政策等问题的通知》（财综〔2006〕48 号），规定从 2007 年 1 月 1 日起新增建设用地的土地有偿使用费征收标准在 1999 年的《新增建设用地土地有偿使用费收缴使用管理办法》（财综字〔1999〕117 号）的基础上提高 1 倍，同时对新增建设用地土地有偿使用费征收等别进行细化。

现行收取的新增建设用地土地有偿使用费均专项用于耕地开发；税收的 30%上缴中央财政，70%上缴地方财政；缴纳标准按照国务院土地行政主管部门制定的各地区土地等别进行确定。土地等别共分为 15 等，根据全国城市土地分等和城镇土地级别、基准地价水平、各地区耕地总量和人均耕地状况、社会经济发展平等情况进行确定。

2. 在取得环节征收土地出让金

土地出让金是指市、县人民政府在其农用地转用、土地征已获取国务院及省级人民政府批准的情况下，土地管理部门将土地使用权出让给土地使用者，按规定向受让人收取的土地出让的全部价款；或土地使用期满，土地使用者需要续期而向土地管理部门缴纳的续期土地出让价款。土地出让金专指全部地价，与地价不存在比例换算关系，一般采取一次性支付的方式，但有的土地的出让金金额巨大，办理出让手续所需的时间较长，所以也有多次支付的形式。土地出让金的高低与土地的用途、位置和土地出让年限紧密相关，是在土地出让底价的基础上形成的。土地出让底价由市、县人民政府土地行政主管部门根据土地估价结果和政府产业政策综合确定。土地出让收入主要用于征地和拆迁补偿支出、土地开发支出、支农支出和城市建设支出等。

为了促进工业产业结构调整以及中西部地区国有未利用地的利用，国土资源部在《关于调整工业用地出让最低价标准实施政策的通知》（国土资发〔2009〕56 号）中规定降低一些工业项目用地的出让底价：对各省（区、市）确定的优先发展产业且用地集约的工业项目，在确定土地出让底价时可按不低于所在地土地等别相对应《全国工业用地出让最低价标准》（国土资发〔2006〕307 号）（以下简称《标准》）的 70%执行；对中西部地区，利用国有未利用地的土地出让金给予优惠。使用土地利用总体规划确定的城镇建设用地范围外的国有未利用地，且土地前期开发由土地使用者自行完成的工业项目用地，在确定土地出让价格时可按不低于所在地土地等别相对应《标准》的 15%执行。使用土地利用总体规划确定的城镇建设用地范围内的国有未利用地，可按不低于所在地土地等别相对应《标准》的 50%执行。

二、土地保有环节税费调控制度

1. 在保有环节征收城镇土地使用税

城镇土地使用税是针对城市、县城、建制镇和工矿区内使用土地的单位和个人，以其实际占用的土地面积为计税依据进行征收的一种税。2007 年 1 月，国务院为加大土地保有成本、促进节约集约用地，颁布《国务院关于修改〈中华人民共和国城镇土地使用税暂行条例〉的决定》（国务院令第 483 号），要求提高城镇土地使用税税额标准，将每平方米年税额在《中华人民共和国城镇土地使用税暂行条例》（国务院令第 17 号）规定的基础上提高 2 倍。2007 年 7 月 1 日起，国家规定外商投资企业、外国企业和在华机构的用地也要征收此税。

现行的城镇土地使用税采用地区差别化的定额税率政策，通常按大、中、小城市和县城、建制镇、工矿区的差别设定不同的征收幅度，由地方税务局负责征收。具体标准为：大城市 1.5～30 元，中等城市 1.2～24 元，小城市 0.9～18 元，县城、建制镇、工矿区 0.6～12 元。该税种的减免政策包括：国有重点扶植项目免税；国家机关和军队用土地，宗教、名胜、广场、绿化、农林牧渔生产用地，非营利性医疗机构、企业所办学校和医院等用途均可免税；此外，经批准开山填海整治的土地和改造的废弃土地，从使用的月份起免缴土地使用税 5 年至 10 年，用以鼓励土地节约集约利用的行为；经营性用地一律不予以免税。

2. 针对土地闲置行为征收土地闲置费

土地闲置费的基本规范是 2012 年 7 月国土资源部发布的《闲置土地处置办法》（国土资源部令第 53 号）。闲置土地，是指国有建设用地使用权人超过国有建设用地使用权有偿使用合同或者划拨决定书约定、规定的动工开发日期满一年未动工开发的国有建设用地；已动工开发但开发建设用地面积占应动工开发建设用地总面积不足 1/3 或者已投资额占总投资额不足 25%，中止开发建设满一年的国有建设用地，也可以认定为闲置土地。针对未动工开发满一年的，按照土地出让或者划拨价款的 20% 征缴土地闲置费；针对未动工开发满两年的，无偿收回国有建设用地使用权。土地闲置费的制定实施，将大大减少开发商囤积土地升值的利润，加快土地的开发速度，从一定程度上缓解供给的不足。开发商在未来购买土地时将会更加理性、谨慎，有助于平抑过快上涨的地价。

三、土地转移环节税费调控制度

1. 针对土地转移增值征收土地增值税

土地增值税是针对有偿转让国有土地使用权、地上的建筑物及其附着物的单位和个人，以其转让所取得包括货币收入、实物收入和其他收入为计税依据向国家缴纳的一种税赋；征税范围包括有偿转让国有土地使用权、地上建筑物和其他附着物产权的行为，不包括继承、赠予等没有取得收入的房地产转让行为；课税对象是指有偿转让国有土地使用权及地上建筑物和其他附着物产权所取得的增值额（转让房地产取得的收入减除规定的房地产开发成本、费用等支出后的余额）。土地增值税的征收从一定程度上限制了房地产行业，如果项目开发的速度慢、土地囤积的时间长，企业就会支付更多的税款。

土地增值税实行四级超额累进税率：增值额未超过扣除项目金额50%的部分，税率最低，为30%；超过扣除项目金额200%的部分，税率最高，为60%；房地产企业建设普通住宅出售的，若增值额未超过扣除金额20%，予以免征。为了保障财政收入均匀入库，土地增值税实行"预征+清算"的管理模式。在项目销售阶段，按月或季度依据申报收入和各地方土地增值税预征率预先征收一部分土地增值税，项目售完之后再按照实际销售收入所得进行清算。2010年6月3日为了进一步加大开发商拿地成本，国家税务总局发布《关于加强土地增值税征管工作的通知》（国税发〔2010〕53号）将土地增值税预征率最低限划定为1%。该税种的征收有利于增强国家对房地产交易市场的调控、增加财政收入、抑制炒卖土地获取暴利的行为。

2. 针对土地转移所得征收企业（个人）所得税

企业所得税是指对中华人民共和国境内的企业（居民企业及非居民企业）和其他取得收入的组织以其生产经营所得为课税对象所征收

的一种所得税；征税对象是纳税人的所得。在土地转移环节，其征税对象为土地使用权转让、租赁、抵押及接受赠予所得等；纳税人为所有实行独立经济核算的中华人民共和国境内的内资企业或其他组织，包括国有企业、集体企业、私营企业、联营企业、股份制企业、有生产经营所得和其他所得的其他组织；一般企业的税率确立为25%，对于高新技术企业、小型微利企业和非居民企业的优惠税率分别为15%、20%和20%。个人所得税是国家对本国公民、居住在本国境内的个人所得和境外个人来源于本国的所得征收的一种所得税。

　　注：在促进土地节约集约利用方面，企业所得税的优惠政策不仅限于土地转移环节的交易行为，还应包含土地保有环节企业主动加强自身改造的行为。

　　3. 针对书立、领受凭证的行为征收印花税

　　印花税是对经济活动和经济交往中书立、领受具有法律效力的凭证的单位和个人征收的一种税。因采用在应税凭证上黏贴印花税票作为完税的标志而得名。凡发生书立、领受应税凭证的均须缴纳印花税，具体包括书立和领受土地使用权转让合同、物权变更登记表、过户登记表等行为。2008年11月起，国家对个人销售和购买住房的行为暂免征印花税，用以鼓励居民进行房地产消费，抑制囤地浪费行为。

　　现行的印花税计税依据为土地使用权转让合同、物权变更登记表、过户登记表等应税凭证文件所载金额。税率包括比例税率和定额税率两种形式，除极个别的权利和许可证照、营业账簿、财产租赁合同采用1～5元/件的定额税率外，其余的征税对象采用0.05‰～1.00‰不等的比例税率。该税种针对经济行为而设立，具有行为税的性质。征税范围较广、税率相对较低、税负较低，具有广集资金的效应。从免征环节来看，个人出租和承租住房均可免征印花税。

　　4. 针对土地转移的承受人征收契税

　　契税是对中国境内土地、房屋权属发生转移而订立契约时向承受人征收的一种财产税，属于财产转移税。在中国境内取得土地、房屋权属的企业和个人，均应依法缴纳契税。取得土地、房屋权属的方式包括：国有土地使用权出让，土地使用权转让（包括出售、赠与和交

换），房屋买卖、赠与和交换；以下列方式转移土地房屋权属的，视同土地使用权转让、房屋买卖或者房屋赠与征收契税：以土地、房屋权属作价投资、入股，以土地、房屋权属抵偿债务，以获奖的方式承受土地、房屋权属，以预购方式或者预付集资建房款的方式承受土地、房屋权属；另外，对于个人无偿赠与不动产行为，应对受赠人全额征收契税。

现行契税的计税依据是发生土地使用权和所有权权属转移的土地和房屋的价格。考虑到全国各地经济和房地产市场发展不平衡，契税实行 1%～3% 的幅度税率，各地区税率由省级人民政府在该幅度内按照该地区实际情况进行确定（黄贤金，2008）。

第二节 税费调控的成效与不足

一、税费调控的成效

1. 土地取得环节：建设用地总量得到有效控制

新增建设用地土地有偿使用费、土地出让金征收制度制定实施以来，进一步控制了各地的新增建设用地总量以及任意拿地、无限制拿地的行为，尤其对于一些土地资源紧缺、土地利用效率低下的地区，通过费用成本压力，有效地促进了资源的保护；同时，国家针对优先发展产业的工业项目、中西部地区未利用地开发的土地出让金征收标准的适当降低，也促进了产业结构优化、城市开发和建设，推动了经济的发展。

2. 土地保有环节：建设用地利用效率有所提升

通过土地闲置费和城镇土地使用税的征收，增加了闲置土地使用权人的成本压力。加上城镇土地使用税在废弃土地改造再利用情况的减免，以及一些地区针对闲置低效土地在规划期限内搬迁的行为，对城镇土地使用税予以减免，有效地促进了存量土地的盘活再利用。

通过城镇土地使用税在高新技术产业、现代服务业、创意文化产业、污染治理和节能减排产业等方面的减免政策，推动了产业结构的优化升级；通过城镇土地使用税在技术改造、土地利用强度、土地投入强度和产出效益等方面的奖惩措施的应用，提升了土地利用效率，提高了土地使用权人加强自身改造和投资的积极性，推动了城市立体发展，节约了土地。

3. 土地转移环节：囤地投机行为得到有效遏制

土地增值税四级超额累进税率的制定实施，意味着开发商获得的土地增值额越多，土地增值税也就越多，这从一定程度上打击了囤地投机行为。特别是北京市、东莞市等地区通过上调豪宅、别墅、商用物业房的土地增值税预征率，增加了以上开发用途的房地产开发商的囤地成本，进一步抑制了投机行为。另外，大幅提高尚未开发即转让的土地增值税预征率，对短期拿地即转手的投机性行为予以税收压力，也降低了开发商囤地捂地的意愿。

二、税费调控的不足

1. 土地取得环节

（1）未能在新增土地环节很好地体现地区间资源和发展水平差异

目前在新增土地环节的国家通行税费只有新增建设用地土地有偿使用费和土地出让金。一是更新不及时，虽然国家制定了分级分等的新增建设用地土地有偿使用费和土地出让金征收标准，在一定程度上体现了经济发展的差异性，但对于我国不同区域资源禀赋、开发程度、城镇化工业化水平、生态环境脆弱度等差别化考虑仍略显不足。在全球化背景下，各城市均受到国际经济环境的影响，尤其各城市发展差异变化速度较快，短短几年左右时间就可能产生不同的城市发展差异，如对于一线、二线、三线城市的划分等。二是缺少基于不同资源禀赋的个性化鼓励政策。针对不同的新增建设用地来源没有进一步区别对待的指导方向。三是针对新增建设用地高于批准土地容积率控制指标的，缺少税费减免措施。四是缺少鼓励使用地下空间的措施。

（2）未能在存量土地环节出台有效的鼓励措施

在存量土地的取得方面，针对工矿废弃地、污染土地和荒废土地等难以开发利用的土地，以及城中村、"三旧"改造等存量土地的开发方和取得方，尚缺乏有效的税费鼓励措施，降低了土地权利人充分利用存量土地资源的积极性。

（3）未能充分地显现地价调控的作用和差异化特点

目前，许多地区的土地出让金优惠范围过宽、价格偏低、更新速率与经济发展水平不相适应，从一定程度上滋长了使用权人任意拿地、粗放利用及闲置土地等问题；同时，工业用地出让价格对土地利用的约束不够，一定程度上导致了工业用地的利用强度及效率偏低。此外，针对不同地区的经济发展及产业结构状况，地价调控在促进土地节约集约利用方面并未很好地体现出差异化特点。

（4）未能充分考虑土地使用权人的使用能力与资格

在土地取得环节，对于土地使用权人的过往使用记录并未充分考虑，致使拿地门槛相对偏低。不同土地使用权人的经济基础、节约集约意识、土地利用技术手段均有所差别，如果不对其中有过不良记录的使用权人进行税费约束，则必然加大土地粗放利用的潜在风险。

2. 土地保有环节

（1）税种、税率、计税依据相对单薄

目前，我国在土地保有环节的通用税收仅有城镇土地使用税一项，调控点单一，虽然土地闲置费也包括在内，但对征收对象的定义、具体执行力度还存在问题；房产税还在试行阶段，且对土地节约集约利用的调控作用相对有限。另外，城镇土地使用税属于从量计征，对土地价值的变化缺乏有效的跟进，同时对土地使用的外部性（土地使用权人自身疏于开发，但却享受其他使用权人的开发活动所带来的土地增值；或因土地使用权人自身的污染等原因，降低了区域整体的土地价值，影响了其他使用权人）缺乏控制。

（2）未能很好区分不同城市功能区的调控特点

城市内部包括工业、商业、住宅、教育、特别功能区等多个功能区类型。一方面，从布局和结构来看，不同的行业应与各自的功能区相匹配；另一方面，从土地利用强度和效率来看，不同的功能区对土地节约集约利用的考察范围和标准是不一致的。综合以上两个方面，目前尚缺乏与城市功能区特点相匹配的差别化税费调控手段。

（3）税费调控手段相对单一、层次感不强

当前很多地区针对土地闲置利用、立体开发、项目投入和产出的税费政策主要偏重于集约行为的税收减免和资金奖励两个方面，而在粗放利用行为的约束和惩治方面，税费调控手段和力度均略显不足；另外，在调控层次方面，针对土地利用的布局、结构、强度、投入、效益等各个方面，各个地方的税费调控措施往往相对单一，缺乏有效的层级。

（4）缺乏鼓励现有工业用地进行节约集约改造的措施

鼓励工业企业充分利用现有工业用地，推进旧厂区、旧厂房改造，是提高土地利用效率的有效手段。针对我国工业用地粗放的问题，缺乏鼓励各地区土地使用权人加强自身低效工业企业用地改造的措施。

3. 土地转移环节

（1）未能很好地遏制土地转让投机行为

不同主体功能区在经济发展水平、土地利用强度、城镇化工业化水平等方面存在明显的差异，因此，土地增值的快慢、土地转移和倒卖的投机倾向性都是不同的，而目前在土地转移环节，税费的征收并未对这一差异性和投机倾向做明确的区分。

（2）未能明确区分不同转移用途的税费调控方向

一方面，针对保障性住房房源、公益性用地和高新技术产业用地的土地转让行为，尚缺乏有效的税费鼓励措施，因而降低了土地使用权人通过转让土地，发展公益性用地和进行产业升级的积极性；另一方面，对于大型商业用地、别墅用地等增值明显、带有投机性质的土地转让行为，仍然缺乏有效的税费抑制措施。

（3）缺乏针对土地二手交易的税费鼓励政策

土地二手市场交易是避免土地长期闲置、促进资源盘活利用的有效平台。目前，对现有的有偿使用用地，以及未来可能转为有偿使用的存量划拨用地，尚缺乏税费方面的调控措施，不利于土地的流通和节约集约利用。

第三节 税费调控制度设计

一、制度设计的基本思路

1. 土地取得环节

针对使用新增土地的行为，根据《国务院关于印发全国主体功能区规划的通知》（国发〔2010〕46 号）中划分的主体功能区特点，在土地征用环节、土地出让环节逐级设置新增建设用地土地有偿使用费、土地出让金的调控方案；针对使用存量土地的企业，从企业在开发、使用存量土地过程中的管理费、开发费、企业所得税、土地出让金方面进行调控，促进存量土地，特别是难以利用的土地的开发利用；在地价调控方面，扩大土地有偿使用范围，制定差异化的价格调控措施，抬高工业用地出让价格；针对土地使用权人，依据评价制度中对于建设项目的节约集约利用评价结果，制定差别化的税费调节措施；制定土地出让金优惠政策，鼓励地下空间使用，提升工业用地容积率。

2. 土地保有环节

在土地保有环节，由于土地闲置费的应用范围和约束力有限，目前较多应用于土地节约集约调控的税费只有城镇土地使用税一项，在税费设置上略显单薄，同时存在税率不高、从量计征、不能反映土地价值增值变化、易发生外部性转嫁等问题。因此，可在土地保有环节增收土地增值税，专门对土地粗放利用尤其是"圈地"行为予以遏制。同时，根据城市内部不同功能区的企业项目用地情况与当地产业布局优化升级方向、土地利用强度约束方向等的匹配程度，实施差别化税费政策。另外，制定鼓励现有工业企业加强自身改造的措施。

3. 土地转移环节

利用转让土地所在区域的经济发展状况、区位特点，区分不同的土地投机倾向，制定差别化的税费政策；土地转让的用途符合国家产业结构优化升级方向的，适当降低原土地使用权人的纳税标准，不符合的则提高纳税标准；存量划拨用地被纳入有偿使用范围的，要充分利用税费措施，防止土地闲置，促进该类用地向高效率用地方向转变。

二、制度设计的具体方案

1. 土地取得环节税费调控方案

（1）针对土地有偿使用范围

除 2001 年国土资源部发布的《划拨用地项目目录》（国土资源部令第 9 号）中军事、社会保障性住房和特殊用地等可以继续以划拨方式取得建设用地使用权外，逐步扩大国家机关办公和交通、能源、水利等基础设施（产业）、城市基础设施以及各类社会事业用地有偿使用的范围，征收土地出让金；同时，针对原有的有偿使用土地范围，加快与地区经济发展相适应的价格调控，适当抬高土地出让价格，促使其充分利用土地资源，避免浪费；另外，大幅抬高工业用地土地出让价格，从源头上促进工业用地的充分开发利用。

（2）针对土地使用权人

针对土地使用权人的过往土地利用情况，实行时间差别化的税费调节政策。以评价制度中对于建设项目的节约集约利用评价结果为依据，对于 1 个评估周期内土地节约集约用地不达标、土地闲置浪费行为严重的土地使用权人，在其取得当年新增建设用地时，适度调高土地出让金征收标准（增加 5%～15%）；对于连续 2～3 个评估周期内土地节约集约利用不达标、土地闲置浪费行为严重的土地使用权人，大幅调高土地出让金征收标准（增加 20%～30%）；对于连续 3 个以上评估周期内土地节约集约不达标、土地闲置浪费行为严重的土地使用权人，取消其当年新增建设用地获取资格，通过以上措施，增加土地使用权人粗放利用、闲置土地的代价，激励其加大投入、集约用地。

（3）针对使用新增土地

根据《国务院关于印发全国主体功能区规划的通知》（国发〔2010〕46 号），我国主体功能区按开发方式，共分为优化开发区、重点开发区、限制开发区和禁止开发区四类。在应用税费手段对新增建设用地取得环节进行调控时，对于不同主体功能区应遵循不同的原则（参见

表 9-1)。根据各主体功能区的资源环境状况、土地开发利用程度、大规模开发建设适宜性等特点,通过对新增建设用地土地有偿使用费(表 9-1 中简写为使用费)及土地出让金(表 9-1 中简写为出让金)等不同环节逐级设定有保有控、各具特色的调控方案,既鼓励资源合理开发,又兼顾经济发展利益,促进节约集约用地。

表 9-1 针对主体功能区特点的建设用地新增环节税费调控手段

主体功能区	土地利用突出特点	土地利用调控方向	节约集约税费调控手段
优化开发区	1.开发强度较高 2.资源环境问题突出 3.可优化进行工业化城镇化开发	1.控制增量,适度扩大建设空间 2.从严控制工矿建设空间和开发区扩建 3.推动高端产业和节能环保产业发展 4.促进产业升级和转移	土地征用环节: 1.总体小幅调高使用费 2.对工矿区扩建和开发区扩建,中幅调高使用费 土地出让环节: 3.中幅调高工业项目的出让金;对高端产业和节能环保产业,中幅降低出让金;对低端产业和高污染、高耗能产业中幅调高出让金 4.对向重点开发区转移的产业,中幅降低出让金
重点开发区	1.资源环境承载力较强 2.开发潜力较大 3.可重点进行工业化城镇化开发	1.扩大城市建设空间 2.增强产业集聚能力 3.鼓励节能减排	土地征用环节: 1.总体小幅降低使用费 土地出让环节: 2.对产业向工业园区、开发区集聚的行为,中幅降低出让金 3.普遍小幅调高工业项目的出让金;对节能减排产业,中幅降低出让金
限制开发区	1.农业生产任务较重 2.资源环境承载力偏低 3.应限制进行工业化城镇化开发	1.从严控制城市规模,禁止成片蔓延 2.原则上不再扩建(工业)矿区和开发区 3.大力支持节能减排	土地征用环节: 1.总体中幅调高使用费 2.对工矿区扩建和开发区扩建,大幅调高使用费 土地出让环节: 3.普遍大幅调高工业项目的出让金;对节能减排产业,免收出让金;对高污染、高消耗产业,大幅调高出让金

主体功能区	土地利用突出特点	土地利用调控方向	节约集约税费调控手段
禁止开发区	生态脆弱性突出，不适宜大规模开发建设	严格控制城市开发建设	土地征用环节： 1.总体大幅调高使用费 土地出让环节： 2.大幅调高工业项目的出让金

注：此方案中的大幅、中幅、小幅增减范围应不超过调整区域现有新增建设用地土地有偿使用费分等定级标准的30%，以及土地出让金价格的50%，具体可依当地情况而定。

对于新增的工业用地，经批准建设厂房面积高于容积率控制指标的部分，又不过度节约集约的，各地可不增收土地价款。

（4）针对使用存量土地

对工矿废弃地、因污染和土壤等特殊条件造成的荒废土地、搬迁腾退土地、改造成本较高的城中村土地等存量土地进行的一级开发行为，提高一级开发企业的管理费比例，对其开发费予以一定补偿，并降低其企业所得税征收标准。同时降低土地取得方的城镇土地使用税征收标准，免收土地出让金。鼓励对开发难度较大的土地进行充分开发和利用，节约土地资源。

2. 土地保有环节税费调控方案

（1）增加土地增值税

在土地保有环节，由于土地闲置费的应用范围和约束力有限，目前较多应用于土地节约集约调控的税费只有城镇土地使用税一项，在税费设置上略显单薄，同时存在税率不高、从量计征、不能反映土地价值增值变化、易发生外部性转嫁等问题。因此，建议在土地保有环节增收土地增值税，专门对土地粗放利用尤其是"圈地"行为予以遏制。但在当前的试行阶段，征收范围和力度还不宜过大，以免促使房价因缴税压力过大而突发上涨；建议仅以上述评价制度中对于建设项目集约用地的评价结果为依据，达到一定标准的免收，不达标的小幅征收，如批而未供土地、闲置土地、投机圈占土地。土地增值税的计税依据为当年土地价值的评估值相比于上一评估周期的增值，每 2 年评估一次；税率区间及大小等同于转移环节的四级超额累进税率，但征收形式不同于转移环节的预征率，而是采用当年实际征收比率的形式。

（2）针对不同功能区的税费调控方案

城市内部根据不同区域的功能、特点，可划分为工业、商业、居住、教育、特别等功能区，从土地节约集约的税费调控来看，工业功能区涉及土地利用布局、结构、强度、投入产出等多个方面，层次分明且可控指标充足，便于调控手段的融合；商业、居住、教育、特别等功能区则更加侧重土地利用的布局、强度、基础设施建设和利用率等方面，应酌情加入调控手段。通过实施有利于城市土地结构和布局优化的税费调控方案，能够促进产业布局优化和产业升级改造，鼓励土地使用权人提升土地利用强度和效率，进而促进节约集约用地。

①工业功能区

针对工业功能区，本研究以《工业项目建设用地控制指标》（国土资发〔2008〕24 号）中的各项土地利用控制性指标为主要依据，采用城镇土地使用税（表 9-2 中简写为使用税）、土地增值税（表 9-2 中简写为增值税）、土地闲置费（表 9-2 中简写为闲置费）实施调控，调控周期与土地节约集约评价周期保持一致。其中与土地节约集约利用有关的税费减免方案如表 9-2 所示。

表 9-2　工业区土地保有环节税费调控手段

调控方向	调控指标	税费调控依据及调控手段
土地利用布局	功能区匹配度	根据城市总体规划要求，工业项目向工业功能区搬迁：在搬迁后 2 年内小幅降低使用税、免征增值税；否则，逐年累增使用税、增值税
土地利用结构	行业性质	针对高新技术、低能耗、环保及治污等行业，小幅降低使用税、免征增值税；反之，小幅增收使用税、增值税

续表

调控方向	调控指标	税费调控依据及调控手段	
土地利用强度	建筑系数	高于30%，不过度集约	投资强度和升级改造强度2项指标均满足要求的，给予资金奖励；除以上2项指标外，对于其他指标同时达标的，小幅降低使用税、免征增值税，否则取消奖励； 对于项目进度不达标的，予以资金惩罚；对存在土地闲置行为的，逐年累增使用税、增值税、闲置费；针对其余几项指标，有1项和2项不达标的，分别小幅和中幅增收使用税、增值税，有3项及以上不达标的，大幅增收使用税、增值税
	容积率	高于行业控制标准，不过度集约	
土地利用投入	投资强度	高于行业、地区分类控制标准	
	项目进度	按时开工、竣工及投产	
	土地闲置	不存在土地闲置行为	
	升级改造程度	采用先进生产工艺、设备，缩短工艺流程	
	行政办公及生活服务设施	面积小于总用地面积的7%；无非生产性配套设施建设	
	绿地率	低于20%，高于5%	
土地利用效益	地均工业产值	对位列功能区排名前10%的企业予以资金奖励	

②商业、居住、教育、特别功能区

商业、居住、教育、特别功能区的土地节约集约利用行为，参照城市相关规划和《土地使用标准汇编》（国土资源部土地管理司，2012）中的相关控制标准，设计方案如表9-3所示。

表9-3　商业、居住、教育、特别功能区土地保有环节的税费调控手段

调控方向	调控指标	税费调控依据及手段
土地利用布局	功能区匹配度	根据城市总体规划要求，项目向相应功能区搬迁；在搬迁后2年内小幅降低使用税、免征增值税；否则逐年累增使用税、增值税，直至搬迁为止

续表

调控方向	调控指标	税费调控依据及手段	
土地利用强度	建筑系数	达到行业控制标准，不过度集约	在以上 4 项指标同时达标时，小幅降低使用税、免征增值税，否则取消奖励；对于项目进度不达标的，予以资金惩罚；对存在土地闲置行为的，逐年累增使用税、增值税、闲置费；针对其余指标，1 项和 2 项不达标行为，分别小幅和中幅增收使用税、增值税
	容积率	达到行业控制标准，不过度集约	
土地利用投入	项目进度	按时开工、竣工及投产	
	土地闲置	不存在土地闲置行为	
	基础设施建设	对主动加强投入、建设的行为予以资金奖励	

（3）针对现状工业用地

在符合城镇控制性详细规划、不改变土地用途的前提下，企业扩大生产性用房，或通过新建、扩建、翻建多层厂房，提高现有工业用地容积率的，可不增收土地价款；企业利用老厂房翻建多层厂房和利用厂内空间建造三层以上厂房的，可减免一定年期的城镇土地使用税，或适当减免土地保有环节土地增值税；对在现有工业用地上新建或将原有厂房改造后容积率超过所在省工业项目建设用地控制指标40%以上，又不过度节约集约的，各地区可适当降低企业所得税税率。

3. 土地转移环节税费调控方案

（1）针对土地转让区位

在转让土地的区位方面，根据主体功能区特点和经济发展状况，制定相应的土地转让税收调节政策。在经济发展速率较快、地价涨速较快的优化开发区，对保有时间在 3 年以内的土地转让行为，成倍提高土地增值税缴纳标准，适度提高企业所得税缴纳标准；对保有时间在 3～5 年的土地转让行为，适度提高土地增值税缴纳标准；在经济发展速率平稳、地价涨速一般的重点开发区，对保有时间在 3 年以内的土地转让行为，适度提高土地增值税缴纳标准。通过如上措施，较好地区分投机倾向，对目的性较强、收益迅速的投机行为予以遏制。

（2）针对土地转让去向

在转让土地的去向方面，针对土地转让明确用于保障性住房房源，以及高新技术、生态环保、污染治理产业房源，以及公益性用地的，降低原土地使用权人的土地增值税缴纳标准，以此促进产业结构的升级；针对土地转让明确用于产能过剩行业、商业综合体、大型游乐设施或高档旅游区、别墅等，提高原土地使用权人的土地增值税缴纳标准，适度提高企业所得税缴纳标准，同时提高新土地使用权人的契税缴纳标准，以此适当抑制带有投机性质的土地投机、倒卖行为。

（3）针对存量划拨用地

针对存量划拨用地被纳入有偿使用范围的，一方面，针对使用权人转让、租赁、抵押、作价入股和投资行为，补缴土地出让金，增加其在土地保有环节的缴税压力，促使其充分利用土地资源，抑制闲置浪费行为；另一方面，建议在二手市场交易环节适当降低存量划拨建设用地土地增值税、企业所得税的征收标准，促进其通过转让、租赁、抵押等方式参与交易。这样，既促进了该类用地的流通，避免了闲置浪费，又促使该类用地向利用效率高、利用意向强的使用权人转移，促进土地节约集约利用。

第十章　双管齐下的土地利用
监测监管制度

第一节　土地利用监测监管现状

一、土地利用监测的主要手段和做法

土地利用监测，是为了实现土地资源的优化配置而做的基础性工作，其目的就是及时、迅速地掌握土地利用变化状况，辅助土地利用管理决策和实施（黄福奎等，1993）。土地调查与统计技术一直都是我国进行土地利用监测的重要手段（于智强、臧德彦，2009），随着土地利用变化日趋频繁，为了满足快速、准确监测土地资源变化的要求，基于遥感技术（RS）的土地利用动态监测得到广泛运用（宫文、周进生，2011）。新修订的《中华人民共和国土地管理法》第三十条规定，"国家建立全国土地管理信息系统（LIS），对土地利用状况进行动态监测"。

1. 土地调查与统计技术

运用详查调查、抽样调查、重点调查、统计报表制度等土地调查与统计方法可以对土地利用结构调整、土地等级变化等进行分析。一般在遥感资料的基础上，需要通过土地调查进行检查和补充，在遥感资料缺乏的地区或年份，也只有依靠土地调查来反映土地利用状况。城镇地籍调查、农村土地详查、农村土地变更调查等一系列调查工作

和历年土地统计工作目前已在全国普遍开展。利用这些数据和信息进行土地利用动态监测，能够准确地反映出土地利用结构的变化情况，数据准确可靠、精确度较高，能够满足土地微观管理的需要。但缺点是工作量大，时点性差，仅适用于小范围和专题性的监测，对区域性的土地利用监测不太适用。

2. 遥感技术

遥感对地观测技术具有覆盖面广、宏观性强、快速、多时相、信息丰富等优点，较普遍地应用于目前的土地调查制图与监测中。遥感技术有卫星遥感和航空遥感2种。卫星遥感资料具有空间的宏观性和时间的连续性等特点，其优势在于大面积的动态监测，主要可用于土壤沙化、草原退化、土壤侵蚀、沿海滩涂的开发利用、土地受灾面积等土地利用的动态变化的监测。航空遥感具有分辨率高、荷载量大、机动灵活的特点，主要可用于耕地增减变化和建设用地扩展速度的监测，农田防护林体系、自然保护区生态环境监测等，用航空遥感做点状或带状的抽样调查或典型调查，是补充和检测卫星遥感调查的必要手段。

3. 土地信息系统

目前的土地利用动态监测，无论是采用遥感资料，还是土地详查成果，都需要借助信息系统和计算机，对各种信息量进行处理，才能使土地利用监测快速、便捷、准确。土地管理信息系统是以计算机为核心，以土地资源详查，土壤普查，规划、计划，各种遥感图像，地形图，控制网点等为信息源，对土地资源信息进行获取、输入、存储、处理统计、分析、评价、输出、传输和应用的大型系统工程。与土地利用监测有关的信息系统包括土地利用现状系统与规划系统、地籍系统、土地分等定级系统、土地估价系统、法规监察系统等。

二、土地利用监管的主要手段和做法

土地利用监管，是对土地利用行为"生命周期"的全面掌控，对实现土地资源的合理利用与高效管理，支撑土地政策参与宏观调控具有重要作用。从2003年起，国土资源部建立了土地市场动态监测制度，并根据市场发展的需要逐步完善。2008 年，国土资源部在全国部署运行了土地市场动态监测与监管系统，加强建设用地供应和开发利用的动态监管。2012 年，国土资源部选择常州、海宁、合肥等 6 个市县，依托土地市场动态监测与监管系统，就土地利用动态巡查制度建设进行试点。2013 年，国土资源部在试点基础上，对试点经验和做法进行总结提炼，形成了全面、规范的土地利用动态巡查制度体系。

1. 土地市场动态监测监管系统

土地市场动态监测监管系统整合了原有的土地市场动态监测系统和建设用地供应备案系统，包含信息采集、数据传输与发布、动态跟踪监管和监测分析 4 个子系统。覆盖土地供应的事前、事中和事后 3 个环节，实现了土地供应计划—土地出让公告（划拨用地公式）—土地出让合同（划拨用地决定书）签订—供地结果公开—土地开发利用的全程动态监管。

利用该系统，可以适时开展数据统计和市场分析，实现对全国、重点区域和重点城市土地供应的总量、来源、结构、布局、交易方式、交易价格、投资主体和行业分类等进行适时监测分析，建立了土地市场的快速反应机制；可以监管土地出让金缴纳、交地、开竣工情况，动态把握土地开发利用状况，掌握市场上正在开发和待开发土地数量，判断土地市场的流量情况，为决策提供依据；可以按宗地获取土地出让公告、土地供应结果等信息，并对社会公开发布，推进土地市场信息公开。目前，该系统已成为土地供应和利用情况的监测监管平台，是构建建设用地批、供、用、补、查综合监管平台的重要组成部分。

2. 土地利用动态巡查制度

土地利用动态巡查，是国土资源主管部门依托土地市场动态监测与监管系统以供地政策的落实和《国有建设用地使用权出让合同》《国有建设用地划拨决定书》的履行为重点，通过建设项目跟踪、信息现场公示、价款缴纳提醒、开竣工预警提醒、开竣工申报、现场核查、闲置土地查处、建立诚信档案等 8 项措施，实现对辖区内建设用地批后开发利用的全程监管，防止土地闲置浪费。为使土地利用动态巡查工作运行简单、易行、高效，已在监测与监管系统中开发了土地利用动态巡查模块，设计了项目跟踪、信息公示、开竣工提醒和闲置土地处置等巡查内容的具体操作流程和有关文书。

第二节　监测监管的成效与不足

一、取得的成效

1. 摸清了土地利用基本情况

通过连续、定期的土地利用动态监测，辅助土地变更调查工作，检查基本农田保护情况，监测城市用地规模、房地产开发及园区用地情况，形成影像资料辅助土地执法检查等，了解了监测区内耕地及建设用地的变化、基本农田保护、小城镇建设发展状况、城市规模扩展和土地利用总体规划执行等情况，建立了国家直接掌握土地利用基本情况的有效手段。

2. 建立了常态化监管机制

通过土地市场动态监测监管系统的数据报送、检查与审核、统计及查询功能，实现了由土地来源到土地供应、开发利用和市场交易等过程的动态跟踪监管；通过土地利用动态巡查 8 项措施，实现了建设用地批后开发利用的全程监管；配合以一系列的监测监管量化考核措施、激励约束机制，建立了土地利用常态化的监测监管机制。

3. 形成了多层面监管体系

土地市场监测监管系统运行范围覆盖全国，形成了国家—省—市—县多层面的监管体系，落实了监管责任。其中市、县国土资源管理部门是监测监管工作的实施主体，省级国土资源管理部门对本地区监测监管工作负总责，分管领导直接负责，国土资源部则实行专岗专人实时监测制度，旨在建立监测监管的快速反应机制。

4. 促进了依法、依规用地

各级政府逐渐加强对土地利用各环节的全员监管、全程监管，依法、依规开发利用土地状况明显改观。各地建立和完善了土地执法保障机制，从预防、查处、监管、部门联动等方面将依法治土落到实处，批而未供、供而未用等闲置土地现象有所减少，盘活存量建设用地、减少新增建设用地供应等政策思路得到进一步推行。

5. 提高了土地集约利用水平

依托监测监管平台，从公示、成交、签订合同、出让金缴纳、交地、开工、竣工和闲置低效处置等环节进行建设项目开发利用情况的全程跟踪管理，并对建设项目的用地水平进行量化考核，制定奖优罚劣措施，有效促进了建设用地的合理利用，提升了节约集约用地水平。

二、存在的不足

1. 现有的技术手段难以适应快速变化的土地利用形势

目前土地利用监管多采用卫片和遥感监测的方法。卫片执法客观、准确，但受监测成本、监测条件等因素制约，难以实现全面覆盖，容易造成农村、小乡镇等相对落后的潜在快速城市化边缘区域成为土地监测盲点；遥感监测的周期性导致监测滞后，而且只有在形成违法事实后才能监测到，不能达到事前监督、及时纠正的效果。

2. 各环节、各部门信息缺乏有效联动管理

土地的开发利用涉及多个环节，需要多级政府、多个部门相互配合，但从实际情况来看，职能部门条块分割，缺少配合和沟通，管理权责不明，部门联动执法机制执行效果尚不理想；镇、村或街道、居委会作为最基层的行政部门与土地、规划、城管等具体业务主管部门缺乏有效的沟通，尚未建立起有效的协调机制。

3. 地方政府考核机制不够健全，土地监管力度不大

现行地方政府及官员政绩考核体系中，经济增长和财政收入仍是重要的显性指标和刚性指标，通过低价出让土地以吸引投资，从而加快经济发展并增加财政收入，是地方政府及官员拔高政绩的一条捷径。因此，各级地方政府在追求政绩与杜绝土地违法违规的选择中更易于选择前者，并在整个过程中达成默契和共识，最后形成各级地方政府联合起来违法违规使用土地的局面。

第三节　双管齐下的土地利用监测监管制度设计

一、制度设计的基本思路

以促进城市土地的依法依规、节约集约利用为目标，结合多尺度的节约集约评价制度、全行业的建设用地标准控制制度，完善土地利用监测监管制度的基础支撑工作；把国土资源遥感监测"一张图"为基础的综合监管平台作为支撑，构建土地供应全面监管体系；以乡镇国土所为平台和依托，开展土地利用动态巡查；强化监测监管量化考核，建立激励约束机制；依法制定专项法律法规，细化土地利用监测监管；实行土地开发利用信息公开，扩大公众参与，发挥社会监督作用。

二、制度设计的具体方案

1. 基础支撑工作

充分对接节约集约评价制度中以宗地为基本单元的城市建设用地节约集约利用情况普查成果，完善土地开发利用的基本信息，为监测监管提供数据基础；结合全行业的建设用地标准控制制度，开展土地开发利用状态分析，制定各阶段建设项目开工、竣工和闲置等量化标准与考核基础。

2. 土地供应全程监管

以国土资源遥感监测"一张图"为基础的综合监管平台为支撑，以供地前发布实施供地计划、供后规范履行出让合同（划拨决定书）为重点，对土地供应总量、布局、结构、价格和开发利用情况实行全面监管，形成"全国覆盖、全程监管、科技支撑、执法督查、社会监督于一体"的综合监管体系。

3. 土地利用动态巡查

以乡镇国土所为平台和依托，以建设项目开工、竣工、土地用途改变、土地闲置、土地开发利用强度为重点，开展土地利用动态巡查。在落实建设项目跟踪、信息现场公示、开竣工报告等常规工作的基础上，建立诚信管理系统，实现企业分级分类的诚信记录管理，健全土地市场的诚信体系；开展履约保证金制度，明确新出让的新建工业项目，按照成交价款一定比例缴纳履约保证金，并在出让合同签订前缴纳；开展存量土地认定工作，设置存量闲置土地的认定界限，实现该类土地的早发现、早认定、早预防、早处置。

4. 监测监管量化考核

建立监测监管工作月统计、季分析、半年小结和年总结制度，下级国土资源行政主管部门及时将统计、分析、总结情况上报上级部门；上级国土资源行政主管部门定期对下级部门的监测监管系统运行情况、土地供应和开发利用情况、存在问题等进行通报；将土地利用监测监管水平与土地批供相挂钩，并纳入地方政府政绩考核体系，作为评价地方政府及其领导干部工作业绩的重要指标和依据，增强依法依规用地自觉性，提高集约用地积极性。

5. 监测监管法律法规

依法制定专项法律法规，细化土地利用监测监管，便于行政管理机构在管理和具体操作层面均有法可依、有章可循。如制定统一的土地利用监测监管数据采集、更新上报标准，保证不同尺度数据的汇总统计分析，实现数据系统及时、有效更新；制定《建设用地供应管理实施办法》，明确各级国土部门在供地和批后管理各环节的职责，建立与规划、建设、财政、执法等相关部门的横向联络机制，强化业务协调流转、部门有效联动；明确批而未供、供而未用、低效粗放利用等存量土地的调查认定标准及处置办法，推动监测监管的高效执行。

6. 土地利用社会监督

通过广播电视媒介、网站论坛、电子邮件等多种方式，定期公布批而未供、供而未用、低效用地、合同履行等土地开发利用信息，扩大社会群众、社会组织、单位或个人的参与权，充分发挥公众社会监督作用。以市域或县域为基本单位，号召律师组织、评估机构、会计公司、公证机关等建立公众土地监督联盟，利用先进网络技术搭建信息平台，积极引导群众网络发帖咨询，一旦确认属于违法违规范畴，立即向土地管理部门反映情况，并由土地管理部门给予适当奖励。

第十一章　基于多尺度的节约集约利用评价制度

第一节　建设用地节约集约利用评价概述

一、节约集约利用评价理论研究

1. 国外评价研究简述

国外早期土地利用评价工作主要以农用地的一般评价为主，如1903年美国农垦局试拟的以发展灌溉为目的的土地评价方法和1936年美国农垦局为水土保持而提出的土地潜力分类。1972年世界粮农组织（FAO）在荷兰瓦格宁根召开了关于土地评价的国际专家会议，到1976年《土地评价纲要》的发表，成为世界土地评价研究逐渐成熟的标志。随着社会经济发展，土地利用类型与布局趋向复杂化，与土地利用相关的生态、经济和社会问题也日益突出。为了查明区域土地利用的现状特点、问题及开发利用方向，以土地资源属性与利用功能相结合的调查、分类和评价工作迅速展开。国外土地评价研究有了更深入的发展，从原有的农业用地向工业、城镇建设用地扩展。

由于国外大部分国家人地矛盾并不像我国这么尖锐，所以专门针对城市土地节约集约利用评价的研究较少，其相关的研究主要集中在对土地利用强度的度量方面，采用的主要指标有建筑高度、建筑密度、容积率、用地类型等。

2. 国内评价研究简述

近年来，国土资源部采取"先试点再全面推广，先摸底再与实际工作相结合"，从重点区域到整个城市，积极探索、扎实推进城市土地节约集约利用评价制度的建设工作。

（1）土地使用标准控制

近年来，国土资源部加大了土地使用标准的制订、修订和实施力度，发布实施了新的《限制用地项目目录（2012 年本）》和《禁止用地项目目录（2012 年本）》，以及《工业项目建设用地控制指标》（国土资发〔2008〕24 号），会同住建部和相关行业主管部门，发布实施了电力、石油天然气、煤炭、铁路、民航、公共图书馆等工程项目建设用地指标。2012 年，国土部发布《关于严格执行土地使用标准大力促进节约集约用地的通知》（国土资发〔2012〕132 号），从严格执行和不断完善土地使用标准、明确其审查内容和使用环节、加强其执行的监管、评价等方面做出规定，作为今后较长时期内土地使用标准管理工作的政策依据和制度规范。目前，我国已基本形成了较为完善的土地使用标准体系，一些地方也编制了符合当地资源条件和节约集约要求的各类土地使用标准，如北京、江苏、辽宁、江西、陕西等省市结合本地实际，陆续发布实施了高等教育、保障性住房、仓储等地方工程项目建设用地控制标准。

根据 2013 年 12 月召开的全国土地市场及节约集约利用管理工作座谈会安排部署，今后将继续建立健全土地使用标准体系：加快编制出台《划拨用地目录》，修订、完善城市道路、广场等城市基础设施和公益事业土地使用标准，编制实施宅基地土地使用标准，修订限制禁止用地项目目录和工程项目建设用地控制指标，发布实施太阳能、光伏等战略性新兴产业土地使用标准；完善各类用途土地最低价标准体系等，进一步强化土地使用标准对城市土地节约集约利用的控制作用。

（2）开发区土地集约利用评价

2008 年，国务院印发了《关于促进节约集约用地的通知》（国发〔2008〕3 号），要求建立土地利用状况、用地效益和土地管理绩效等评价指标体系，加快开发区土地节约集约利用评估工作。2008 年 7 月，国土资源部发布了《关于开展开发区土地集约利用评价工作的通知》（国土资发〔2008〕145 号），要求各省（区、市）国土资源行政主管部门开展本行政区域内的各级各类开发区土地集约利用评价工作，同时下发《开发区土地集约利用评价规程》（试行）作为技术指南。结合 2008 年第一轮评价工作中存在的问题，国土资源部对原规程进行了补充、修改和完善，增加了评价工作的内容和要求，分别于 2010 年、2012 年开展了开发区土地集约利用评价成果的更新工作，建立了每两年更新一次评价成果的定期评价制度。

结合现有开发区土地集约利用评价工作中的实践探索，2013 年国土部研究形成《开发区土地集约利用评价技术体系调整方案》（征求意见稿），对开发区土地集约利用评价范围、评价工作周期、评价技术体系等进一步做了调整和完善，为接下来开发区土地集约利用评价工作开展提供了新的参照标准。

（3）节约集约模范县（市）创建

国土资源节约集约模范县（市）创建活动（以下简称"创建活动"）以全国所有的县（市、区、旗），以及直辖市、副省级城市、地级市所辖的区为对象，是经国务院主管部门批准、由国土资源部组织开展的国家级达标评比表彰活动。2010 年 6 月 25 日，根据国土资源部办公厅发布的《开展 2010 年度国土资源节约集约模范县（市）创建活动的通知》（国土资厅发〔2010〕41 号），启动了首届创建活动，并于 2011 年进行了评选工作。创建活动开展以来，形成了《创建活动指标标准体系》《创建活动考核办法》及《创建活动评选办法》，在典型示范引领、凝聚社会共识、资源高效利用、推动转型升级等方面发挥了重要作用。

（4）城市土地节约集约利用评价

1999 年以来，国土资源部先后部署开展了 4 次城市节约集约用地评价试点工作，第一批的 9 个试点城市于 1999 年进行部署，2011 年的第二批试点涵盖了北京、天津、石家庄等 16 个省会城市（直辖市），2012 年的第三批试点涵盖了沈阳、长春等 14 个省会城市（直辖市），2013 年的第四批试点涵盖了山西原平、江苏昆山、湖南资兴等 20 个小城市。经过多年的试点推进工作，初步建立了城市节约集约用地评价的技术体系，形成了行业标准《建设用地节约集约利用评价规程》，探索形成了国家层面抓工作部署和成果发布、省级层面抓组织实施、市级层面抓成果应用和挖潜改造评价工作的组织模式，为形成由点到面的评价工程化格局打下基础。

自 2014 年开始，国土资源部将全面启动城市建设用地节约集约利用评价工作，以此项工作为抓手，摸清全国城市建设用地节约集约利用现状、潜力规模、空间分布与变化趋势等，从全国层面着手构建布局集中、用地节约集约的城市建设用地格局。

（5）新增建设用地消耗考核

2009 年，根据《关于促进节约集约用地的通知》（国发〔2008〕3 号）有关精神，国土资源部、国家发改委、国家统计局联合出台了《单位 GDP 和固定资产投资规模增长的新增建设用地消耗考核办法》（国土资发〔2009〕12 号），实行上级政府对下级政府的动态量化考核制度。每年第三季度对各地区上一年度单位 GDP 和固定资产投资规模增长的新增建设用地消耗状况进行考核，根据单位 GDP 耗地下降率、单位 GDP 增长消耗新增建设用地量、单位固定资产投资消耗新增建设用地量三项指标，评价集约用地水平区域位次和集约用地水平年度变化情况，考核地区节约集约用地的水平及措施力度。各省（区、市）参照此办法，结合地方实际，陆续制定出本省（区、市）的单位 GDP 和固定资产投资规模增长的新增建设用地消耗考核办法。

（6）单位国内生产总值建设用地下降目标的评估

2012 年，国土资源部发布《关于落实单位国内生产总值建设用地下降目标的指导意见》（国土资发〔2012〕24 号），要求落实"十二五"规划纲要提出的"单位国内生产总值建设用地下降 30%"的目标，细化分解任务，逐级落实到市、县，并建立年度实施评估制度。国土部结合"十五""十一五"时期的总体情况，"十二五"的目标要求，各地发展现状及趋势，向各省（区、市）下发了《"十二五"各地区单位国内生产总值建设用地下降目标》。各省（区、市）结合经济发展和土地利用实际及发展趋势，将"下降目标"分解到市、县，并开展节约集约用地的评估考核工作，以"下降目标"作为统筹考量落实节约优先战略的重要指标，通过原因分析及一系列政策措施，促进各项建设少占地、不占或少占耕地，推动区域产业结构调整和经济发展方式转型。

二、节约集约利用评价的实践探索

目前，各地积极探索开展城市土地节约集约利用评价体系、考核机制等制度建设工作，从项目、开发（园）区、区县政府及城市层面进行了实践探索。

1. 天津市

2013 年，天津市开展了《建设用地使用标准修订和节约集约用地考核评价体系建设》项目，以促进土地节约集约利用为导向，在国家和相关省市标准基础上，根据天津市建设用地实际情况，研究确定了31 个工业行业、20 个工程类项目的建设用地使用标准；以土地利用强度和效率为重点，在现行国家各类节约集约用地考核评价体系基础上，结合天津市节约集约用地实际问题，建立了开发区、区县、市域差别化的建设用地节约集约利用评价体系；同时建立了建设项目用地定额管理制度、节约集约用地定期考评制度及节约集约用地数据库，有效引导各行各业用地向节约集约、可持续方向发展，科学性及适用性较强，在全国具有借鉴和推广意义。

2. 湖南省

2009 年，株洲市印发了《土地节约集约利用评价体系实施办法》，在建立和完善各类建设用地定额指标体系的基础上，将评价对象分为开发园区及县（市）、区人民政府，不对单个项目进行评价。开发园区评价体系侧重于反映工业用地集约利用水平，园区外的其他建设用地依据《单位 GDP 和固定资产投资规模增长的新增建设用地消耗考核办法》的规定进行节约集约用地考核；将评价结果与用地指标安排相挂钩，考核结果作为政绩考核的依据，并给予政策上的优惠。

2011 年，长沙市制定了《建设用地节约集约利用考核办法》，每年 2 月至 3 月，市人民政府对各区、县（市）人民政府，各开发（园）

区管委会上一年度的建设用地节约集约利用情况进行考核，评价考核内容为建设用地节约集约利用水平和相关工作措施。评价考核结果分优秀、良好、合格、不合格4类，与用地指标、政府年度综合考核、园区扩区升级相挂钩。

3. 山东省

2007年，莱芜市下发了《建立节约集约用地考核评价制度的通知》，每年12月份对各区、省级开发区和乡镇（办事处）分别进行考核，考核内容为非农建设用地亩均税收、地方财政收入，工业项目用地亩均税收，年内工业项目亩均固定资产额、建设周期，工业项目是否按批准的容积率、建筑密度、绿地率、厂前区比例建设，是否存在违法占地等违法行为，考核结果与用地指标、政府年度综合考核结果挂钩。

2012年，临沂市出台了《国有建设用地节约集约评价考核暂行办法》，市国土资源局会同发改、统计等部门，每年对各县区节约集约用地、动态巡查绩效进行评价考核，评价考核结果与政府年度工作目标责任制考核相结合，与年度用地计划指标安排相挂钩，充分调动了各县区加强动态巡查、推进节约集约用地的积极性。

4. 河北省

2012年起，河北省对各设区市试行节约集约用地考核，采取定量评价与当年新建产业项目用地情况抽查相结合的方式，主要从投资强度、产出水平、增长耗地、项目聚集度、存量建设用地再利用水平5个方面进行定量评价，并在各地年度供应土地中，选取8～10个已过规定开工建设日期的项目，进行用地抽样考核。考核结果在全省范围内进行通报，同时作为评价各区市国土资源局土地管理绩效和奖励建设用地指标的依据。

5. 山西省

2014年，山西省《建设用地节约集约利用考核办法》正式实施，通过亿元投入与产出耗地类、土地供应及开发利用类2大项指标，每年第一季度对各设区市人民政府上一年度的建设用地节约集约利用水平进行动态考核，考核结果将作为对各市分解下达年度土地利用计划指标的重要依据,排名前3位的市将被奖励一定数量的用地计划指标,考核工作由省政府考核评价领导小组组织实施,考核评价办公室设在省国土资源厅,具体负责实施考核评价工作。

第二节　评价制度的成效与不足

一、评价制度的成效

1. 政策出台更加具体

从2004年首次明确要求节约用地,到2008年的节约集约针对性通知,从2012年的八项制度建设意见,到2013年更加细化的节约集约规定草案,经过数十年的思考和实践,引导各层面节约集约利用评价的政策出台更加具体、更具有操作性,明晰了评价基础、目的、内容、方法、成果应用及考核等多个方面。

2. 技术规范及时完备

随着一系列节约集约政策的出台,国家制定了各类项目准入标准、用地标准,开发区集约利用评价、建设用地节约集约利用评价规程、模范县创建、新增建设用地消耗考核、单位国内生产总值建设用地下降评估办法等规程规范,并依据国家政策与地方实际不断进行修订完善,保证评价考核体系的科学性与实用性,使得评价工作本身有据可依且能落到实处。

3. 定期评价已成趋势

目前,项目准入、用地标准广泛应用于规划选址、用地审批、批后监管等项目建设过程中;开发区评价已开展三轮,自2014年开始将工作周期由两年一次调整为一年一次成果更新、三年一次全面评价;节约集约模范县(市)创建活动已开展三届,评选了两届,形成了浓厚的节约集约用地氛围;城市建设用地节约集约利用评价试点工作也逐步开展,定量、定期的节约集约利用评价工作已成趋势。

4. 节地意识明显提高

如今，地方政府都希望通过节地来出政绩，各地积极推进城中村改造、旧城改造、闲置土地处理、模范县创建、落实单位国内生产总值建设用地下降目标等一系列土地粗放、低效利用的整治实践工作，并取得了显著成效，地方政府已经把节约集约用地变成了自觉行动，节约集约用地意识明显提高。

二、评价制度的不足

1. 多个层面的评价工作系统性不强

目前，在城市范畴开展的土地节约集约利用评价工作，从空间尺度上可以分为项目、功能区（包括开发区）、行政区域三种层级，但尚未形成统一的体系，各层面的评价目的不能形成互补，基础调查和数据更新不能统一、共享，评价体系彼此之间交叉重复，时序周期上不能协同开展或者相互支撑。例如，城市层面的评价内容过于宽泛，涉及区域、功能区、样本片区，可以具体到项目，虽然全面但目标不明确，成果应用方向不清。

2. 评价成果应用性不强

目前，虽已逐步建立不同空间尺度的土地节约集约利用定期评价制度，从开发区、模范县创建、城市建设用地节约集约利用评价试点等方面做了大量评价工作，但各层面的评价成果有待在实践中得到广泛和充分的应用，相应的节约集约利用评价考核办法、成果公示及奖惩调控机制也有待进一步制定、落实，用以避免土地节约集约利用评价流于形式，不能与实际管理工作相衔接。

第三节　基于多尺度的节约集约利用评价制度设计

一、设计的基本思路

本书主要结合国家及地方现行的评价制度建设工作，从微观（项目）、中观（功能区、区县）、宏观（城市）3 个空间尺度建立节约集约利用评价的制度（参见表 11-1）。

表 11-1　城市土地节约集约利用评价尺度及评价标准

评价尺度	评价对象	评价标准
微观	建设项目	用地结构、用地强度、土地利用效益
中观	功能区	核心评价主体功能实现程度，指标重点考虑土地利用强度、土地利用投入、土地利用经济效益
中观	区县	核心评价区县功能定位实现程度，指标重点考虑建设用地总量控制成效、地均主体要素投入产出、土地利用效益、节约集约利用管理制度落实情况
宏观	城市	建设用地总量控制成效、用地结构与功能布局合理性、经济社会要素承载能力、土地利用效益、节约集约利用管理制度建设进展

1. 微观尺度

微观尺度上节约集约利用评价主要是对建设项目的节约集约利用评价。重点评价建设项目的用地结构、用地强度、土地利用效益三个方面，从这三个方面建立合适的评价指标体系。并分析研究评价结果在规划计划管理、用地审批城市功能完善、批后监管、低效用地梳理及分类处理四个方面的具体应用情况。

2. 中观尺度

中观尺度上节约集约利用评价主要是对功能区和区县的节约集约利用评价。对功能区（含开发（园）区）的土地节约集约利用情况进行评价，主要针对不同功能类型和不同行政级别的功能区或开发（园）区，评价其主体功能的实现程度、土地利用强度、土地利用投入、土地利用经济效益。并分析研究评价结果在扩区升级、计划调节和招商引资三个方面的具体应用情况。

对区县的土地节约集约利用情况进行评价，是从建设用地总量控制成效、地均核心要素投入产出强度、土地利用效益、节约集约利用管理制度落实情况评价区县土地节约集约利用水平。并分析研究评价结果在规划计划管理、政府效绩考核、奖惩措施制定、行政级别调整方面的应用。

3. 宏观尺度

宏观尺度上节约集约利用评价主要是对城市土地的节约集约利用评价。重点评价城市的资源禀赋、功能定位、发展阶段，以及建设用地总量控制成效、用地结构与功能布局合理性、经济社会要素承载能力、土地利用效益、节约集约利用管理制度建设进展等方面。并分析研究评价结果规划计划管理、城市功能完善、预警调控机制、行政级别调整方面的应用。

二、制度设计的具体方案

结合国家及地方现行的评价制度建设工作，在当前已形成并使用的土地标准、节约集约利用评价体系与考核办法的基础上，以城市行政区域内的建设用地普查为基础，定期开展项目、功能区、区县、城市四个层面的节约集约利用评价工作，实现评价成果的定量性、动态性、层级性；立足于城市土地管理的需要，直接决策与间接辅助决策相结合、行政调控与经济调控相结合、解决现有问题与防范未来相结合，将评价成果应用于政府资源分配、政策制定与绩效管理过程中，以达到对有限城市土地的合理、有序、节约集约利用，促进城市的合理开发与健康可持续发展。

1. 评价基础

（1）评价尺度

以"层次分明、分工明确"为要求，按照城市土地利用的微观、中观、宏观尺度，划分项目、功能区、区县、城市四个不同的评价层面（参见图 11-1），简化、剥离、组合现有的评价制度建设工作，保证相邻层面互为基础与前提条件，不同层面各有侧重点，相互之间弥补配合，评价内容较少交叉重复。即不要求每个层面都面面俱到，能够履行各自在促进土地节约集约利用上的核心任务与责任即可。

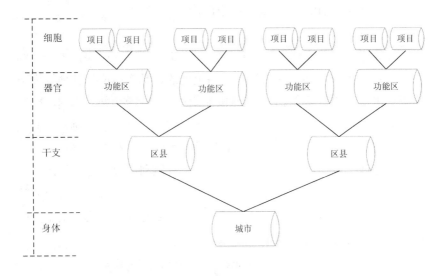

图 11-1　城市土地节约集约利用评价尺度示意图

（2）数据基础

将城市建设用地节约集约用地情况纳入国土资源大调查、城镇地籍调查、土地利用变更调查等工作范畴，形成基于宗地为基本单元的城市建设用地节约集约利用情况普查成果。逐宗地调查建设用地规模、现状用途、行业类别、固定资产投资、经济产出、人口规模、用地结构、容积率、建筑密度、用地审批、土地供应、土地储备闲置等基本情况，为开展不同层面的城市土地节约集约利用评价提供口径统一的基础数据。

（3）评价周期

目前的项目评价工作贯穿于项目准入、用地审批、监管过程中，开发区评价工作一年一次成果更新，三年一次全面评价，模范县创建活动基本上一年一启动评比，城市评价工作正处于试点推行阶段。综合上述评价工作的开展周期，设计新建项目实行实时评价跟踪，已经建成项目、功能区、区县、城市四个层面的评价工作以年末为统一的评价时点，在下一年初"上下并行"进行，节省人力物力，原则上建议每两年更新一次评价成果。

2. 建设项目土地节约集约利用评价

(1) 评价标准

对建设项目的土地节约集约利用情况进行评价，确保每一个"细胞"或者基本单元都是节约集约利用土地的，是实现所有其他层面节约集约用地的前提条件。以现行《限制用地项目目录（2012 年本）》《禁止用地项目目录（2012 年本）》《工业项目建设用地控制指标》及其他各类土地使用标准为基础，首先对建设项目所属行业类型进行审查，之后重点评价包括用地结构、用地强度、土地利用效益三大类的关键指标（参见表 11-2）。对新建设项目将评估贯穿整个审批和批后监管流程，辅助项目落地决策；对现有的建设项目两年一评估，用于判断低效用地和进行分类处理。

表 11-2　产业项目节约集约利用评价关键指标

目标层	准则层	因素层	评价关键指标
产业项目节约集约利用评价	土地利用状况	用地结构	行政办公及生活服务设施所占比重
			绿化率
		用地强度	投资强度
			容积率
			建筑密度
	土地利用效益	经济效益	地均生产总值
		社会效益	地均就业人口
		生态效益	地均能耗

(2) 结果应用

①规划选址

对新增项目严格实施准入评价，从土地数量、结构、潜力、适宜程度等方面对规划选址及拟建方案进行评估比选，通过建设标准化厂房、设定投资限额等方式，推进新增项目向功能区集中，防止项目用地遍地开花，造成资源浪费；对已有项目的土地利用、投入产出情况进行排查、分类，有计划、有组织地开展低效项目用地的腾退工作，将退出来的土地，全盘规划，按先后次序进行合理的产业布局，为新引进的大项目、好项目提供落脚选址的供应。

②用地审批

对大中型项目和区片整体用地，严审容积率、绿化率、建筑密度、投资强度等指标，核定其合理规模；对集中区片用地，进行相应的现实潜力评价，掌握其今后节约集约利用的发展方向，在审核时要求区片在项目安排时序上优先考虑现实潜力区的挖掘和改造；对城市建成区内的新建或改建项目，依据节约集约利用标准，在规模、用途、设计等方面进行审核，不符合标准的用地方案必须进行修改调整，引导用地向节约集约方向发展。

③批后监管

对评价结果较优秀的建设项目，在申请新项目、扩大投资生产用地规模、享受招商引资优惠政策上享有优先权；对投入不足、产出较低或暂无产出的闲置用地项目，采取有效措施，建立依法处置制度，提高土地利用效率；对在城市规划区内擅自改变土地划拨用途、容积率等违法建设项目，加强责任管理与惩处力度，推动城市建设的健康发展。

④低效用地梳理及分类处理

对评价结果不理想的建设项目进行分类梳理，形成低效用地潜力，并制定分类处理办法，例如，以税费政策为主要调控手段，对粗放利用或过度利用的项目用地，强化其持有成本，降低其流转成本，鼓励其向节约集约利用的方向流转；对已达到节约集约利用状态的项目用地，降低其持有成本，提高流转成本，促使所有的土地最终向节约集约利用状态逼近，以实现城市土地的均衡利用和价值回归。

3. 功能区土地节约集约利用评价

（1）评价标准

对功能区（含开发（园）区）的土地节约集约利用情况进行评价，是确保每一个"器官"集约高效，且能真正发挥好相应的功能。以《建设用地节约集约利用评价规程》中的城市功能分区评价指标体系、《开发区土地集约利用评价规程》、《开发区土地集约利用评价技术体系调整方案（征求意见稿）》为基础，分居住、商业、工业、教育、特别等不同类型的功能区，以及国家级、市级、区县级和乡镇级等不同级别的工业园区，合理设置评价指标和评价标准，以核心评价主体功能实现程度、土地利用强度、土地利用投入、土地利用效益为重点。

居住、商业、教育，特别功能区节约集约利用评价关键指标分别如表 11-3、表 11-4、表 11-5 和表 11-6 所示。

表 11-3　居住功能区节约集约利用评价关键指标

目标	准则层	因素层	评价关键指标
居住功能区节约集约利用评价	土地利用状况	土地利用强度	综合容积率
			建筑密度
			人口密度
		土地利用投入	基础设施完备度
			生活服务设施完备度
			绿地率

表 11-4　商业功能区节约集约利用评价关键指标

目标	准则层	因素层	评价关键指标
商业功能区节约集约利用评价	土地利用状况	土地利用强度	综合容积率
		土地利用投入	基础设施完备度
	土地利用效益	土地利用经济效益	商业地价实现水平
			单位面积营业额

表 11-5　教育功能区节约集约利用评价关键指标

目标	准则层	因素层	评价关键指标
教育功能区节约集约利用评价	土地利用状况	土地利用强度	综合容积率
			建筑密度
			单位用地服务学生数
			单位校舍用地服务学生数
			单位体育活动场地服务学生数
		土地利用投入	基础设施完备度
			绿地率

表 11-6　特别功能区节约集约利用评价关键指标

目标	准则层	因素层	评价关键指标
特别功能区节约集约利用评价	土地利用状况	土地利用强度	综合容积率
			建筑密度

开发区集约利用评价关键指标如表 11-7 所示。

表 11-7　开发区集约利用评价关键指标

目标层	准则层	因素层	评价关键指标
开发区土地集约利用评价	土地利用状况	土地利用程度	土地供应率
			土地建成率
		用地结构状况	工业用地率
			高新技术产业用地率
		土地利用强度	综合容积率
			建筑密度
			工业用地综合容积率
			工业用地建筑系数
	土地利用效益	土地利用经济效益	工业用地地均税收
			高新技术产业用地地均税收
	土地管理绩效	土地利用监管绩效	土地闲置率

（2）结果应用

①扩区升级

将土地集约利用评价结果作为各级各类开发（园）区扩区、升级的审核依据，对没有达到集约标准的不再批准新增用地，对达到集约要求的，确需扩区的，可利用符合规划的现有建设用地扩区，也可整合周边规模较小、集约水平较低的功能区或依法依规设立的园区，同时，应完善产业发展规划与要素资源保障，实现空间的拓展与区域的协调发展。

②计划调节

根据土地集约利用评价结果，按照开发（园）区是否符合"布局集中、产业集聚、用地集约"的要求，在安排年度建设用地计划指标时，政府可以采取相应的放宽或限制措施；在集约利用标准的指导下，还可对开发（园）区的布局和规划面积进行凋整，限定低水平利用的开发面积，灵活、合理供地，促进园区科学有序发展，推动园区用地计划管理制度的进一步规范和完善。

③招商引资

结合土地集约利用评价结果，高起点设定投入产出等产业准入门槛，根据设定的投资限额，实行项目单独供地或入住标准化厂房，用以提高工业容积率与土地节约集约利用水平，促进粗放型向集约型的转变；高标准制定和完善招商引资目录，有针对性地开展产业整体招商，集中力量引进高科技、高附加值的产业和企业，限制高能耗、高污染的产业和企业，促进产业结构的转型升级。

4. 区县土地节约集约利用评价

（1）评价标准

对区县的土地节约集约利用情况进行评价，确保每个"干支"都是节约集约利用土地的。以单位国内生产总值建设用地规模下降30%的考核指标、《国土资源节约集约模范县（市）创建活动指标标准体系》及考核办法为基础，以建设用地总量控制成效、地均核心要素投入产出强度、土地利用生态效益、集约利用管理制度落实情况为重点评价区县土地节约集约利用水平。区县土地节约集约利用评价关键指标如表 11-8 所示。

表 11–8　区县土地节约集约利用评价关键指标

目标	准则层	因素层	评价关键指标
区县节约集约利用评价	土地利用状况	土地利用强度	规划新增建设用地使用率
			城市综合容积率
			产业用地率/生态用地率
		土地利用投入	建设用地地均固定资产投资
			单位固定资产投资消耗新增建设用地量
	土地利用效益	土地利用经济效益	建设用地地均 GDP
		土地利用社会效益	人均建设用地
		土地利用生态效益	人均生态用地
	土地管理绩效	区县土地节约集约利用管理绩效	区县土地节约集约利用管理制度建设及实施

（2）结果应用

①规划计划管理

将土地节约集约利用评价成果导入规划修编程序中，将节约集约利用水平作为考虑的因子之一，为规划中的各项控制指标分解尤其是新增建设用地指标的分解，以及建设用地的空间布局分配提供参考依据；将评价结果与规划调整前的评估相结合，在规划调整评估工作中加入区县节约集约用地考评内容，为规划调整和方案优选、区县占补平衡指标调整提供参考依据；将评价结果作为区县年度计划指标申请的审批依据，提高审核的科学性。

②政府绩效考核

将节约集约用地评价纳入区县政府的政绩考核指标体系，在确保建设用地节约集约利用概念清晰、数据可获的基础上，合理设置纳入指标、多方比选纳入途径；将评价考核结果与政府年度工作目标责任制考核相结合，与年度用地计划指标安排相挂钩，发挥领导干部考核指挥棒的作用，充分调动各区县推进节约集约用地的积极性。

③奖惩措施制定

将土地节约集约利用评价结果作为土地利用计划执行情况年度考评的依据之一，据此安排下一年度土地利用计划指标，对考核成绩突出的予以建设用地指标奖励，对未达到考核标准的削减其用地计划指标；响应国土资源节约集约模范县（市）创建活动，对评为国土资源节约集约模范县的县（区），在落实国土资源部的各项奖励措施的基础上，给予配套奖励建设用地的指标。

④行政级别调整

撤县升区为城市营造了更广阔的发展空间,增强了城市的竞争力,以经济发展、基础设施、非农人口等常规指标作为审查标准的基础，将土地节约集约利用水平作为撤县升区的重要参考依据，审查涉及县的用地规模与布局合理性，用以支撑撤县升区带来的人流、物流、资金流、信息流对城市建设、公共服务、社会管理等提出的更高要求。

5. 城市土地节约集约利用评价

（1）评价标准

　　对城市的土地节约集约利用情况进行评价,旨在确保整个"身体"是实现了节约集约用地的。以单位 GDP 用地面积下降 30%的考核指标和《建设用地节约集约利用评价规程》为基础,综合考虑城市的资源禀赋、功能定位、发展阶段,以建设用地总量控制成效、用地结构与功能布局合理性、经济社会要素承载能力、土地利用效益、节约集约利用管理制度建设进展为评价重点（参见表 11-9）。

表 11-9　城市土地节约集约利用评价关键指标

目标层	准则层	因素层	评价关键指标
城市土地节约集约利用评价	土地利用状况	土地利用强度	规划新增建设用地使用率
			城市综合容积率
			产业用地率
			生态用地率
		土地利用投入	建设用地地均固定资产投资
			单位固定资产投资消耗新增建设用地量
		土地利用弹性	人口与城镇建设用地增长弹性系数
			地区生产总值与建设用地增长弹性系数
	土地利用效益	土地利用经济效益	建设用地地均生产总值
		土地利用社会效益	人均建设用地
		土地利用生态效益	人均生态用地
	土地管理绩效	城市土地节约集约利用管理绩效	城市土地节约集约利用管理制度建设及实施

　　（2）结果应用

　　①规划计划管理

　　土地节约集约利用评价结果,比较直观地反映了城市总体节约集约利用水平的相对高低,可为编制城市土地利用总体规划中确定用地规模提供科学支持,并为平衡各类城市用地指标提供依据;同时,通过评价成果的信息反馈变更或强化规划实施管理手段,有助于提出更为合理的规划目标及对策措施,使土地利用系统向持续利用方向发展;

另外，可将土地利用年度用地计划指标分配与土地节约集约利用评价结果相挂钩，不断提高它在指标分配中的权重，同时作为土地利用计划执行情况年度考评的依据之一，据此安排一定比例的建设用地指标用于激励。

②城市功能完善

结合土地节约集约利用评价结果，以城市服务功能为导向，制定合理的土地开发利用模式，通过用地结构的优化调整，引导产业与功能区的布局调整；积极推进城市空间立体开发，通过区域的多功能化，实现节约集约用地与经济社会效益的统一；制定合理的产业政策、住房政策，通过人口结构与规模的调控，提高单位土地面积的人口承载力、增加城市建筑密度和容积率。通过对城市土地多种功能的集约配置和高效使用，促进城市整体功能的完善。

③预警调控机制

将节约集约用地与土地资源承载力的思想进行融合，节约集约的标准值对应承载力的阈值：以节约集约标准的最大（小）值及其临近值为节点划分评价指标的承载区间，以此判断土地资源对城市人口、经济、建设、生态的承载情况——超载（过度利用）、满载（临近过度利用）、适载（集约利用）、弱载（临近粗放利用）、低载（粗放利用），并制定具有针对性的预防调控或者修正调控措施，建立城市土地的预警调控机制。

④行政级别调整

目前，我国主要有直辖市、副省级市、较大的市、地级市、县级市等不同的城市行政级别，随着"两横三纵"的城市化格局建设，中小城市发展迅速，城市规模逐渐打破了行政级别。结合常规的城市承载能力，将城市土地节约集约利用水平作为城市行政级别调整的依据，完善整县改市、切块设市、联合设市等多元化调整模式与标准，适度增加中小城市的数量。

第十二章　基于行政体系的绩效考核制度

第一节　节约集约利用绩效考核现状

一、绩效考核的内涵

政府绩效考核就是根据绩效目标，运用考核指标对政府部门履行行政职能所产生的结果及其影响进行评估考核、划分绩效等级、提出绩效改进计划和运用考核结果来改进绩效的活动过程。其中，确定绩效目标、进行工作分析是起点和基础，建立一套能够反映行政效能的评估考核指标、绩效标准和计量方法是核心（蔡立辉，2007）。

土地利用绩效是由城市土地不同配置与不同利用程度而产生的利用效率与效果等的综合体现，属于土地利用的一种制度安排。目前，我国正处于城市化与工业化的快速发展阶段，城市土地利用存在诸多问题，城市经济社会发展与资源环境供给的矛盾日趋严重。因此，制定土地利用绩效考核办法量化节约集约用地，明确相关奖惩制度，有助于改变城市建设用地的粗放利用现状，促进城市土地的优化配置与高效合理利用，保障城市建设的健康可持续发展。

二、节约集约利用绩效考核的实践探索

1. 国家层面

（1）出台节约集约绩效考核办法

2008 年 1 月 3 日，《国务院关于促进节约集约用地的通知》（国务

院令第 3 号）明确提出，建立节约集约用地考核制度，制定单位 GDP
和固定资产投资规模增长的新增建设用地消耗考核办法。2008 年 10
月，党的十七届三中全会审议通过《中共中央关于推进农村改革发展
若干重大问题的决定》，进一步提出实行最严格的节约用地制度，从严
控制城乡建设用地总规模。

在这一背景下，2009 年，国土资源部、国家发改委、国家统计局
联合发布《单位 GDP 和固定资产投资规模增长的新增建设用地消耗考
核办法》（国土资源部令第 12 号），就单位 GDP 和固定资产投资规模
增长的新增建设用地消耗，对省（区、市）人民政府进行评价考核，
考核结果分别作为下达年度土地利用计划指标和干部主管部门对省级
人民政府领导干部进行综合考核评价的依据。

从指标选择来看，"单位 GDP 耗地下降率""单位 GDP 增长消耗
新增建设用地下降率""单位固定资产消耗新增建设用地下降率"指
标，体现了不断提高土地经济承载能力的考核目标；"单位 GDP 增长
消耗新增建设用地量"和"单位固定资产投资消耗新增建设用地量"
指标，体现了经济增长过程中不断降低用地消耗的考核目标。这些指
标与《建设用地节约集约利用评价规程》（TD/T 1018—2008）相衔接，
具有较强的科学性，有助于促进各地建设用地节约集约利用评价工作
的开展和土地节约集约利用长效机制的建立。

（2）以模范县创建为契机将土地节约集约利用纳入绩效考核

2012 年 2 月，在"首届国土资源节约集约模范县（市）"荣誉表
彰大会上，国土资源部提出，创建活动试点县（市）要把资源节约集
约利用纳入地方发展战略和规划，落实到对各级领导班子绩效管理和
干部绩效考核指标体系。

按照国土资源部的部署，国土资源节约集约模范县（市）创建活
动仍将进行下去。因此，目前的指标体系重点是规范管理和提高资源
利用效率。下一步，要围绕节约集约主线、涵盖"批供用补查"各个
环节、进一步予以完善；同时，指标体系的考核要严格规范，考核方
法要科学可行，考核结果要真实可信。

（3）为纳入经济社会发展五年规划铺垫

《中华人民共和国国民经济和社会发展第十二个五年规划纲要》中提出了"单位国内生产总值建设用地下降30%"的节约集约利用土地目标。为了有效落实节地优先战略，促进土地节约集约利用，国土资源部于2012年下发了《关于落实单位国内生产总值建设用地下降目标的指导意见》（国土资发〔2012〕24号），将这一全国目标在省一级范围内进行分解，同时要求各省将省一级的目标分解到各市、县，并出台相应的配套政策和措施，建立下降目标的年度评估制度，评估结果上报国土部。

2. 地方层面

（1）省级土地节约集约的绩效考核措施

①浙江省

2007年12月底，浙江省发布了《浙江省人民政府关于切实推进节约集约利用土地的若干意见》（浙政发〔2008〕3号），明确把节约集约用地考核纳入市、县经济社会发展综合评价体系，作为市、县政府领导干部绩效考核的重要内容；2009年3月，浙江省出台了《"365"节约集约用地目标责任考核办法（试行）》（浙政办发〔2009〕27号），将考核结果作为之后新增建设用地计划的依据，并纳入市、县（市、区）经济社会发展综合评价考核体系。具体如表12-1和表12-2所示。

表12-1　浙江省"365"节约集约用地目标责任考核办法（试行）

考核主体	
浙江省人民政府（省国土资源厅牵头）	
考核对象	
各区、市人民政府	
考核周期	
每年一次，考核时间为下一年4月份	
考核指标	
节约集约用地水平年度综合评价	"365"节约集约用地实施方案年度工作任务完成情况（具体指标设置如表12-2所示）
省国土资源厅下发的指标（定量）	三大目标（定量）
	六大工程（定量）
	五大抓手（定性）

计算方法		
节约集约用地水平年度综合评价考核计算方法为多因素赋权加和法，满分为 40 分； "365"节约集约用地实施方案年度工作任务完成情况考核满分为 60 分		
考核结果		
一等（总分值大于等于全省均值加 1 个标准差）	二等（总分值大于全省均值减 1 个标准差，小于全省均值加 1 个标准差）	三等（总分值小于等于全省均值减 1 个标准差）
奖惩措施		
考核结果作为省分配安排新增建设用地年度计划的重要依据；考核结果为三等的市政府，应在评价考核公告一个月内，向省政府做书面报告，提出推进节约集约用地的切实可行措施		
纳入措施		
考核报告及考核等次结果，由省国土资源厅报经省政府审定后，正式向社会公布，并纳入市、县（市、区）经济社会发展综合评价考核体系		

表 12-2　浙江省"365"节约集约用地目标责任考核指标设置及要点

考核类别	考核指标	考核要点
三大目标	保护耕地更加严格规范	强化耕地保护和节约集约用地目标责任制，全省继续实现耕地占补平衡,确保 1500 万亩标准农田面积不减少
	保障发展更加持续有力	积极盘活存量建设用地，5 年内保障新增建设用地 130 万亩，盘活存量建设用地和转而未供土地 50 万亩
	节约集约更加扎实有效	节约集约更加扎实有效：通过节约集约用地政策和制度的全面实施，土地资源利用效率和综合利用水平继续居于全国领先水平
六大工程	城镇建设节地工程	到 2012 年,城镇人均建设用地控制在 110 平方米以内，盘活存量建设用地 10 万亩以上，消化农用地转而未供土地 40 万亩以上
	工业建设节地工程	工业建设项目平均投资强度提升至 150 万元/亩以上，容积率提高至 100 以上
	住宅建设节地工程	中低价位、中小套型等紧凑型住房用地供应量不低于城镇住宅用地供应总量的 70%
	基础设施建设节地工程	交通、水利、电力能源等新增建设用地规模控制在国家下达的年度计划指标范围内

考核类别	考核指标	考核要点
	农村建设节地工程	新建农村居民点人均建设用地控制在 80 平方米以内
	土地开发整理工程	通过低丘缓坡开发利用与土地整理垦造耕地、建设用地复垦耕地 75 万亩
五大抓手	组织保障体系	建立行动问责制度，把节约集约用地考核作为市、县（市、区）政府领导干部绩效综合考核评价的重要内容
	供应调控体系	加强土地利用总体规划管理，完善土地利用年度计划管理，强化土地收购储备调控作用
	市场配置体系	完善土地价格形成机制，规范土地市场交易行为，提高建设用地供应市场化配置水平，深化有利于市场配置的行政审批制度改革
	政策法规体系	完善建设项目用地定额标准体系，研究制定节约集约用地激励政策，完善闲置土地处置办法，强化建设用地批后监管，加强土地执法监察
	监测考核体系	开展存量建设用地普查，加快城镇地价动态监测网络体系建设，加强土地供应动态监测系统建设，建立健全节约集约用地评价监测体制

②湖北省

2011 年，湖北省政府办公厅印发了《湖北省土地利用绩效考核暂行办法》（鄂政办发〔2011〕70 号），对市、县土地利用情况进行全面考核，节约集约用地从此有了量化标准。具体考核办法如表 12-3 所示。

表 12-3　湖北省土地利用绩效考核暂行办法

考核主体
各级人民政府统一组织领导，国土资源部门具体负责组织实施
考核对象
全省各市、县和神农架林区
考核周期
每年一次，考核时间为 12 月 31 日
考核指标

一级指标	二级指标
实际投资额	计划投资完成率
投资强度	新增建设用地地均固定资产投资
	工业用地实际投资强度实现率
土地供应率	前三年土地供应率
土地利用效率	建设用地地均 GDP
	人均建设用地面积
	存量土地利用率
	工业项目入园率
	项目开工率
	新增建设用地占用耕地下降率
违法用地情况	违法用地发生率
	违法占用耕地率

计算方法			
考核实行百分制。对县（市）土地利用绩效进行评分，按评分结果进行排名并确定各县（市）的考核等次			
考核结果			
优秀（排名前20%）	良好（排名前20%～50%）	一般（排名后5%～50%）	较差（排名后5%）
奖惩措施			
对产业集聚、用地集约且考核成绩优秀的市、县，奖励一定数量的土地利用计划指标，并在安排国土资源建设项目时予以倾斜；对积极处置闲置土地的市、县，按实际重新开发建设闲置土地面积1∶1给予专项土地利用计划指标奖励；连续两年考核等次"优秀"的市、县，授予"湖北省国土资源节约集约模范县（市）"称号； 考核等次"较差"的市、县，予以通报；实行土地供应率与建设用地审批挂钩的制度；近三年土地供应率未达到50%的市、县，暂停该地区建设用地审批			
纳入措施			
各地要逐步将土地利用绩效考核纳入政府目标责任考核和领导干部绩效考核内容			

③辽宁省

2013 年，辽宁省下发《单位国内生产总值建设用地下降目标评估制度的通知》，明确将单位 GDP 建设用地下降目标纳入省政府对各市政府的绩效考核，评估结果作为制定和调整年度土地利用计划指标的重要参考，力争到 2015 年末实现单位 GDP 建设用地较"十一五"期末下降 30% 的目标。结合各地经济发展和土地利用实际及发展趋势，辽宁省将单位 GDP 建设用地下降目标分解到各市（县），并制定详细的年度目标任务。具体如表 12-4 所示。

表 12-4　辽宁省单位 GDP 建设用地下降目标评估制度

考核主体	
辽宁省人民政府	
考核对象	
各市（县）政府	
考核周期	
每年一次	
考核指标	
一级指标	二级指标
单位 GDP 建设用地下降目标	单位 GDP 建设用地下降率
落实节约集约用地措施情况	节约集约用地政策措施出台情况
	节约集约用地重点工作完成情况
	评估报告上报的完备性和及时性
计算方法	
通过定量分析，进行评价打分	
考核结果	
优秀、良好、达标、未达标 4 个等级	
奖惩措施	
评估结果将作为制定和调整年度土地利用计划指标的重要参考指标；辽宁省国土资源厅将建立预警机制，对评估结果不理想的地区提前预警	
纳入措施	
单位 GDP 建设用地下降目标纳入省政府对各市政府的绩效考核。	

④广东省

2008 年，广东省被确立为全国节约集约利用土地示范省，省政府随即建立了考评激励机制，将"单位建设用地第二、三产业增加值"作为《珠江三角洲地区改革发展规划纲要（2008～2020 年）》（粤发

〔2009〕10 号）评估指标，纳入了《〈珠江三角洲地区改革发展规划纲要（2008～2020 年）〉评估考核办法》（粤府办〔2011〕12 号）。具体如表 12-5 所示。

表 12-5　《珠江三角洲地区改革发展规划纲要（2008～2020 年）》评估考核办法

考核主体		
广东省人民政府		
考核对象		
珠江三角洲的广州、深圳、珠海等 9 个城市，以及省实施《珠三角规划纲要》领导小组有关成员单位和粤办发〔2010〕28 号文明确的各项工作任务牵头单位		
考核周期		
每年一次，考核时间为每年二季度		
考核指标		
指标考核（定量）	工作测评（定性）	公众评价（定性）
共包括 39 项指标；单位建设用地第二、三产业增加值位于第 7 项（考察国土部门）	由省有关单位和考核组对各市实施《珠三角规划纲要》情况的定性评价并予以量化	由社会各界通过电话采访和网络调查两种形式对各市实施《珠三角规划纲要》情况的定性评价予以量化
计算方法		
指标得分：指标完成度为 0 的得 0 分，0～50%得 30 分，50%～80%得 60 分，80%～100%得 70 分，100%～120%得 90 分，超过 120%得 100 分〔完成度=（考核年度完成值-上一年度完成值）/（设定目标值-上一年度完成值）×100%〕； 指标考核总分=指标得分总和/指标个数； 工作测评总分=省有关单位测评平均分×40%+考核组测评得分×60%，满分为 100 分； 公众评价总分=电话采访平均分×50%+网络调查平均分×50%，满分为 100 分； 评估考核总分=指标考核得分×50%+工作测评得分×40%+公众评价得分×10%，满分为 100 分		
考核结果		
优秀（≥90 分）	良好（80～90 分）	一般（60～80 分）较差（≤60 分）
奖惩措施		
评为优秀单位数量原则上不超过被评单位总数的 30%； 对评估考核等次为优秀的单位，以适当形式予以通报表彰； 评估考核等次为一般、较差的单位，其行政主要领导要向省领导小组书面说明情况，限期整改		
纳入措施		
对珠江三角洲各市、省有关部门的评估考核意见和结果，作为广东省组织、人事部门选拔、任用、奖惩、培训干部的重要参考		

（2）市级土地节约集约的绩效考核措施

2011 年，宁波市国土资源局为进一步推进节约集约利用土地，促进土地利用方式和经济发展方式的转变，进一步完善土地节约集约利用考评机制，充分发挥领导干部绩效考核这根"指挥棒"对土地节约集约利用的导向作用，依据国家、省关于建设用地节约集约利用的相关评价考核办法，以及宁波实际情况，制订了《宁波市建设用地节约集约利用水平考核暂行办法》（甬土资发〔2011〕63 号）。具体如表 12-6 所示。

表 12-6　宁波市建设用地节约集约利用水平考核暂行办法

考核主体		
宁波市国土资源局及市目标管理考核领导小组办公室		
考核对象		
各县（市）、区人民政府		
考核周期		
每年一次，考核时间为一季度		
考核指标		
单位建设用地 GDP 增长率		
单位建设用地财政收入增长率		
单位固定资产投资消耗新增建设用地下降率		
农村建设用地复垦面积任务完成率		
城镇建设用地盘活面积任务完成率		
土地供应率		
闲置土地处置率		
计算方法		
多因素赋权加和法		
考核结果		
2.6 分（前 3 名）	2.3 分（4～6 名）	2.0 分（其余）
奖惩措施		
评价考核结果作为年度新增建设用地指标分解及工作目标责任制考核的依据		

（3）区县级土地节约集约的绩效考核措施

在开展国土资源节约集约模范县（市）创建过程中，一些省份已经将节约集约用地评价结果作为领导干部实绩考评的重要依据。浙江、广东将"耕地保有量"和"节约集约用地"两项指标纳入地方党政领导班子和领导干部考核范畴。1/3 的参评县（市）也已将节约集约利用指标纳入乡镇领导干部的绩效考核范畴。

①北京市石景山区

2011 年，北京市石景山区政府出台《石景山区国土资源节约集约利用考核办法（试行）》（石政发〔2011〕30 号），将节约集约用地水平纳入领导干部绩效考核体系，并成为北京市首个以区县政府名义颁布的关于国土资源节约集约利用的考核办法。具体考核内容如表 12-7 所示。

表 12-7　石景山区国土资源节约集约利用考核办法（试行）

考核主体			
石景山区人民政府			
考核对象			
区政府相关委、办、局、处，各区属机构			
考核周期			
每年一次，时间为下一年的第三季度			
考核指标			
行动考核指标（定性）	满分	工作成效考核指标（定量）	权重
工作组织	40	土地利用效率	75%
制度建设	30	土地规划执行度	10%
舆论宣传	30	耕地保护效率	7.5%
		土地执法效率	7.5%
计算方法			
总权重：行动考核占 60%，工作成效考核占 40%；满分为 100 分； 工作成效考核计算方法为多因素赋权加和法（各指标现状值与标准值的差值，标准化后乘以各自权重）			
考核结果			
优秀（≥80 分）	合格（60～80 分）		不合格（<60 分）
奖惩措施			
考核结果优秀的部门、单位，区政府给予通报表彰； 考核结果不合格的，区政府给予通报批评，并责成其出具书面整改意见，提出推进节约集约用地切实可行的措施			
纳入措施			
考核结果纳入政府部门及其工作人员的绩效考核体系，与奖励惩处、干部绩效相挂钩，占绩效考核总分的 5%			

②河南省汤阴县

2012 年 10 月，河南省汤阴县针对国土资源节约集约模范县创建工作，制定《创建国土资源节约集约模范县活动管理制度》，在管理制度中出台了《创建工作绩效考核办法》。根据考核办法，县政府实行对局属各单位的创建工作进行考核、对工作业绩进行奖励、对过错进行追究的考核奖惩制度，并将考核结果与年终考核、评先、评优挂钩相结合。具体如表 12-8 所示。

表 12-8　汤阴县国土资源节约集约模范县创建工作绩效考核办法

考核主体
汤阴县人民政府
考核对象
县国土局下属各单位
考核周期
每年一次
考核指标
土地利用总体规划执行情况
土地利用年度计划执行情况
土地批用情况
项目建设情况
土地利用情况
房地产用地情况
土地综合整治情况
节约集约用地情况
地质灾害防治情况
资源节约集约利用工作推进情况
计算方法
满分为 100 分；
发生重大过错的，1 次扣 10 分；
发生一般过错的，1 次扣 5 分；
经查证属实被媒体曝光或者县级以上政府及有关部门通报批评的，一次扣 3 分；
被局通报批评的，一次扣 1 分，情节严重的，扣 2 分；
对领导批示事件未办结又不报告的，一起扣 2 分；
对部门联办事件不予配合或者不积极配合，使创建工作无法进行或者进展缓慢的，

一起扣 3 分； 对责成整改的事件未进行认真整改的，一起扣 5 分； 将交办事件办错的，一起扣 8 分； 在扣分项目中出现重合时，在最高扣分项目的基础上酌情增加扣分分值
奖惩措施
国土资源节约集约模范县创建工作特别突出的单位，报县政府建议另行给予奖励和表彰； 对有违规或者不当具体行为的部门，除扣减相应分值外，并视过错性质和程度，分别给予通报批评、诫勉谈话、党政纪处分等三种情况
纳入措施
绩效考核结果作为年终考核的主要构成部分和重要依据，与干部使用、表彰奖励、年终评先挂钩

第二节　绩效考核制度的成效与不足

一、绩效考核制度的成效

目前，土地节约集约利用情况已成为制约地方城市和区县经济发展、资源可持续利用的关键因素，在国家方针、政策的指引下，地方纷纷出台政策，将节约集约评价考核纳入政府绩效考核体系，并出台了具体措施。措施实施以来，地方政府对于土地节约集约利用的重视程度得到加强，土地利用情况的考核比重有所增加；违法用地、土地闲置情况得到了有效遏制，土地投入、产出、利用强度等状况得到一定程度的改善；在适当的奖惩措施面前，地方领导干部敦促土地集约利用的积极性有所提高，自觉性得到加强。

二、绩效考核制度的不足

1. 国家部署待加强，地方纳入路径模糊

一些地区尚未开始将土地节约集约考核纳入地方政府绩效考核体

系，一些地区的纳入路径和分值挂钩策略模糊不清。随着一些区域土地资源粗放利用问题持续显现，经济发展逐步受到制约，国家层面应及时部署更具强制性的政策措施，促进地方政府加强土地节约集约利用的绩效考核。另外，在地方政府的执行上，一些地区仅出台了详细的土地节约集约考核措施，但对于如何纳入政府绩效考核，以及通过何种渠道纳入、纳入后的比重和分值换算等情况缺乏详细的说明；同时，对于土地节约集约考核在政府绩效考核当中的位置和意义、指标的范围和层级也缺乏系统的介绍。

2. 指标体系不完善，整体所占权重较小

各地在考核指标的范围、方向、数量上差别较大，缺乏层次分明、依据充分的考核原则做指导。首先，指标本身不统一，一些地区注重土地节约集约指标的全面考核，包含了土地投入、产出效益，土地利用强度、土地闲置状况等各项指标，而一些地区又注重土地节约集约利用的最终效果和执行情况，对于细节考虑不足。其次，指标的个性化和差别化缺失，一些地区的考核指标往往千篇一律，有仿照雷同的嫌疑，并没有充分考虑本地区的资源禀赋和经济发展特点，差别化不突出。最后，土地节约集约考核的声势往往较大，但考核结果最终对于领导干部的行动约束力，以及占政府绩效考核的权重和份额，往往极其有限。

3. 结果应用不明确，奖惩挂钩未到实处

一些地区对考核结果的奖惩挂钩方法缺乏详细的说明，尤其对下一年度用地指标方面的说明不够明确。目前，地方政府在土地节约集约考核纳入政府绩效考核之后的奖惩措施尚且比较混乱，奖惩挂钩的粗略程度也不统一，在下一年度用地指标分配、建设项目用地审批、干部人事审查处理方面缺乏完整的体系措施。另外，地方政府在土地节约集约考核纳入政府绩效考核方面的试点工作尚处于空白阶段，既缺乏立足于地方发展特点的创新政策和模式，也不利于全国各地绩效考核纳入措施的示范与有效推广。

第三节 基于行政体系的绩效考核制度设计

一、制度设计的基本思路

结合城市土地利用特征，基于国家、省、市、县不同的行政体系，设计差别化的土地节约集约考核指标纳入途径；进而根据各层、各地政府的工作管理模式与特点，以及原有政府绩效考核体系的架构，进一步明确考核指标体系的纳入方法；参考全国主体功能区划分，综合考虑各地的资源禀赋、农用地保护需求、生态环境脆弱度、经济发展、城镇化已有建设强度、未来潜力等因素，进行差别化的考核指标选取及权重设置，同时制定考核结果的奖惩应用措施。

二、制度设计的具体方案

1. 土地节约集约考核指标的纳入路径

土地节约集约利用绩效考核主要考量政府在有效推动地方经济社会健康稳步发展的基础上，节约集约利用土地资源和促进土地资源可持续利用的程度。因此，在我国国家、省、市、县不同行政体系下，各层级在绩效考核中将扮演不同的角色，国家层面应是督促指导作用，省级层面起到组织带动效应，市、县层面是实践和考核的主体，即省级层面是重点，市、县层面是实施。根据各层级发挥的不同职能，在选取考核指标的纳入路径上应各有侧重。

（1）考核指标的纳入途径

①通过法律法规纳入：国家层面

国家通过出台法律法规的形式推动地方政府将土地节约集约考核纳入政府绩效考核体系，突出土地资源有效利用的重要性，例如，正在修订或将要起草的《中华人民共和国土地管理法》《土地利用规划条例》。此做法的前提是：国家已经充分认识到土地节约集约考核参与地方政府考核官员的必要性，同时对于考核的方法、结果评价、奖惩挂钩措施及其深远影响已有一套客观、科学、操作性强的完备体系。通过法律法规纳入的过程中，应对纳入计划予以说明，对考核原则、考核指标体系、考核内容，以及考核主体与对象进行介绍，对考核方法、流程和结果应用予以简要陈述，并对考核纳入的法律效力做出明确规定。

②通过规章政策文件纳入：国家和省级层面

规章政策文件的出台有两类功能，一是对已出台法律法规的补充解释，国土资源部出台将土地节约集约考核纳入地方政府绩效考核的指导性政策文件，在其中对于纳入的前瞻性、指导性、宏观性予以介绍，对纳入的必要性和原则做出详细说明，对考核指标体系、方法、流程和结果进行详细解释，省、自治区、直辖市人民政府及省、自治区政府所在地的市和经国务院批准的较大的市和人民政府结合部指导文件，出台各自适用的规章制度；二是在法律法规尚未出台，纳入体系尚未十分成熟的情况下，国土资源部与省（市）合作，出台试点政策，对此前已开展类似工作、具有较好工作基础的地区开展试点工作，通过将土地节约集约考核与政府绩效考核有机结合，借此评价纳入的效果和今后改进的方向，以期取得经验，加以推广。

③通过规划编制纳入：国家和省级层面

近些年的政府工作报告中曾多次提出将节约集约用地放在更突出的位置上，而在规划编制中，若想充分体现土地利用集约度的变化，最好的衡量标准便是建立一套考核指标体系，将其纳入《国民经济和社会发展第十三个五年规划纲要》《土地利用总体规划（2018～2033年）》《国土规划》。政府绩效考核具有一定的强制性，同时具有约束力，如果通过规划修编的方式，将土地节约集约考核指标体系纳入政府绩效考核，则会提升节约集约考核的动力和科学依据，推动地方政府加强土地节约集约利用的重视程度。在一个规划周期的规划实施评价中，可以重点对起初纳入的指标进行考核，因此，在规划修编中规定土地节约集约考核纳入政府绩效考核的方法具有较好的可操作性。

④通过党政领导干部任期离任审计工作纳入：市县层面

党的十八届三中全会提出，加快生态文明制度建设，划定生态保护红线，探索编制自然资源资产负债表，对领导干部实行自然资源资产离任审计。建立生态环境损害责任终身追究制。通过建立资产负债表考察领导干部任职期间对自然资源资产的利用情况，在国家大力推进节约集约用地的背景下，应将领导干部任职期间土地节约集约利用情况纳入离任审计的资产负债表中，增强领导干部集约高效利用土地资源的积极性和主观能动性，也提高了对本届领导干部考核的针对性和有效性，同时消除了因一届领导干部的失职对下届领导干部考核的影响。在离任审计的资产负债表中结合地方发展特点，综合平衡自然资源资产、土地节约集约利用指标的权重，从而得出离任审计的综合审计结果，增强考核的全面性和客观性。

⑤通过专项管理工作纳入：市县层面

通过国土资源节约集约模范县创建活动将土地节约集约考核逐步纳入地方政府绩效考核。但这种"纳入"并不是将节约集约模范县创建活动的考核完全移植，而是在充分借鉴创建活动考核的成熟模式基础上，选取创建活动中科学性、可操作性、应用价值较好，同时对土地节约集约行为有很好规范作用的部分指标，作为政府绩效考核的纳入指标，提升地方政府对土地资源合理利用的重视程度；以开发区、新城、中心城、城市等不同层面的土地集约利用评价、规划实施评估与调整、差别化的年度计划指标管理、建设用地监测监管等专项工作为契机，强化将节约集约用地纳入政府绩效考核的意识。

（2）考核指标的纳入方法

在确定考核指标纳入途径的同时，应根据各地政府工作管理模式和特点，以及原有政府绩效考核体系的架构，进一步明确指标体系的差别化纳入方法，从而推动考核进程的顺利实施。总体而言，考核指标的纳入方法可分为两种。

①融入式纳入方法

融入式纳入方法是指选取 1~2 个能够代表土地节约集约利用水平的综合性指标，融入整套地方政府的领导干部绩效考核指标体系之中，作为考察指标的一部分，指标本身权重体现在指标类型（约束性、指导性）和权重值大小上。通过此方法纳入的节约集约考核指标，应具有长期、稳定的考核价值和考核效力，作为政府整个绩效考核的一部分。

②辅助式纳入方法

辅助式纳入方法是在无法将节约集约考核指标完全融入整套地方政府绩效考核体系的情况下，在绩效考核大的框架之外，辅助性地构建节约集约考核体系，其考核结果在整个绩效考核中占据一定的权重或百分比。此方法的特点是：节约集约考核指标自成体系，对地方政府的最终绩效考核起作用，只有最终的考核结果，而不在于评价及考核的具体过程；在整个政府综合考核中，起到的作用尚不明显，有些情况下耗时耗力却流于形式；此方法在节约集约考核体系纳入地方政府绩效考核的思路和经验尚未完全成熟的情况下，能够起到过渡和铺垫作用。

2. 土地节约集约考核指标的选取

（1）融入式纳入下的指标选取

将土地节约集约指标融入政府整体绩效考核的重要条件是：指标不宜过多，1～2 个为宜；指标具有代表性，能够全面反映地方节约集约状况，或集中反映节约集约工作的重点；指标具有较强的可操作性，能够予以定量化评判，或通过一定的类比转换功能，可以将包含定性评价的部分转换为定量评价；保证数据来源便捷合理、评价方法简明可靠。

依然考核 GDP 的地区可以将单位 GDP 建设用地下降率作为代表土地节约集约利用的考核指标。在制定单位 GDP 建设用地下降率目标时，要充分结合各地实际发展现状和特点，提出符合地方未来发展趋势的一个合理值。不以 GDP 下降而片面否定该指标的实际价值，更重要的是通过该指标的考核加快促进一些地区经济发展方式的转变，这才是考核单位 GDP 建设用地下降的终极目标。例如，对处于产业转型期的地区，同时不以生态涵养为重点功能，在设置该考核指标时应适当降低其标准值，但之所以保留对其考核的安排旨在提醒发展依然是该地区的第一要务，并以此目标激励、帮助其加快产业转型升级步伐，重振经济，重新焕发城市活力。

　　但在国家不断提出资源可持续利用的重要性，提出地方政府绩效考核应不仅仅关注 GDP 本身，同时应注重考核其生态价值和 GDP 质量的前提下，有些区域应设置综合性指标。据此，参考生态足迹和生态价值的评价方法，设立一种类似"资产负债"指标，将土地节约集约利用的效果都转化为经济价值的形式来体现，这样，既考核一定时期经济发展水平，又不脱离节约集约要求。

　　"资产负债"指标具体操作过程为：选取新增建设用地占用耕地、土地利用经济效益、土地闲置和土地利用生态效应四项二级指标；新增建设用地占用耕地指标为负指标，属于"负债"，该指标是指新增建设所占的耕地在正常生产条件下所生产的农产品的价值，加上因占补平衡补充耕地的资金投入，或者在市场交易下新增建设用地占用耕地指标的市场交易价格；土地利用经济效益为正指标，属于"资产"，该指标是指在综合考察项目投入、建筑系数、容积率、生产投入等指标的前提下，对土地利用经济产出进行量化，得出的结果为土地利用活动产生的经济价值；土地闲置是负指标，属于"负债"，该指标是指将闲置的土地，按面积换算为地区地均产值，即由于土地闲置而产生的经济价值浪费量；土地利用生态效应是负指标，属于"负债"，该指标是指土地利用过程中由于生态用地减少导致的生态用地价值降低（不包括耕地），以及产生了相应的污染物和废弃物等，进而需要治理所消耗的成本费用。将以上四项二级指标的考核计算结果合并，即得出"资产负债"指标的综合考核结果，并将此指标融入地方政府绩效考核体系，进行综合分析。

　　在具体操作过程中，上述四项二级指标可参考全国主体功能区划分，形成差别化的指标考核体系。例如，在农业生产任务较重的限制开发区，可适当调高新增建设用地占用耕地指标的权重。同样，在限制开发区和禁止开发区，可以调低土地利用经济效益、土地利用生态效应等指标的权重；在城镇化工业化发展较快的重点开发区，可适当调高土地利用经济效益指标权重；以此形成的"资产负债"综合指标更具科学性和客观性。

（2）辅助式纳入下的指标选取

在将土地节约集约评价指标以辅助式形式纳入地方政府绩效考核体系的过程中，可按照国家和地方对节约集约评价工作的要求，设置相对完整、体系层次分明的节约集约考核指标体系。具体指标选取方面，可考虑土地供应、耕地保护、土地利用结构、土地利用强度、土地利用效率（开工投产、投入产出情况、单位 GDP 建设用地下降率）、土地违法状况等多项指标。

指标的选取及权重设置参考主体功能区划分，综合考虑各地的资源禀赋、农用地保护需求、生态环境脆弱度、经济发展和城镇化已有建设强度和未来潜力等因素，选取差别化的土地节约集约考核指标。其中，优化开发区域经济发展速率、工业化城镇化建设强度、资源环境胁迫程度已然较高，应实行转变经济发展方式优先的绩效考核，强化对经济结构、土地资源消耗、自主创新方面的考核，弱化对经济增长速度的考核；重点开发区域经济发展和工业化城镇化建设空间较大、摊大饼现象相对突出，资源环境的潜在威胁较大，应实行工业化城镇化水平优先的绩效考核，强化对经济增长、质量效益、产业结构、土地资源消耗方面的考核，弱化对投资增长速度等指标的考核；限制开发区域一方面农用地和耕地保护任务较重，另一方面生态环境比较脆弱，应弱化对工业化城镇化相关经济指标的考核，在指标选取方面，可重点考察与耕地保护相关的指标，适当考察闲置土地处置情况；禁止开发区域重点在于生态环境的保护和污染物监管，因此不重点考察工业化城镇化建设、土地节约集约利用等方面的指标，但可适当考察土地违法情况等。

在指标设置方面，为突出差别化考核，每个主体功能区可根据自身特点，设定若干重点考核指标，同时预留若干可选考核指标，供个别地区选取；此外，设置通用考核指标，突出必考项。在指标数量方面，不宜过多，一为提高考核过程的可操作性和简洁性，二为提高地区间的可比性，保证考核结果的说服力。

辅助式纳入下的指标选取如表 12-9 所示。

表 12-9 辅助式纳入下的指标选取

主体功能区	经济发展特点	绩效考核重点	必选指标	自选指标
优化开发区	经济发展水平、资源环境承载程度已然较高	强化对经济结构、土地资源消耗、自主创新方面的考核	单位 GDP 建设用地下降率 产业结构 节约集约用地特色模式	综合容积率 地均 GDP 增长率
重点开发区	经济发展和工业化城镇化建设空间较大，资源环境的潜在威胁较大	强化对经济增长、质量效益、产业结构、土地资源消耗方面的考核	地均 GDP 地均 GDP 增长率 新增建设用地均固定资产投资	土地供应率 土地有偿使用率
限制开发区	一方面农用地和耕地保护任务较重，另一方面生态环境较脆弱	重点考察与耕地保护相关的指标，适当考察闲置土地处置情况	耕地保护情况 永久性基本农田保护 耕地占补平衡情况	存量土地供应率 闲置土地处置率
禁止开发区	重点在于生态环境的保护和污染物监管	可适当考察土地违法情况等	土地一般违法情况 生态用地保护情况	土地违法案件处理情况

3. 土地节约集约考核结果的奖惩应用

各地方政府根据土地节约集约绩效考核的结果，设置对应的奖惩及节约集约工作挂钩措施，以提高地方政府土地节约集约利用积极性，提升考核工作的推广价值。另外，在惩罚措施上需要注意，节约集约用地考核是以推动地方可持续发展为目的，设定的惩罚措施不能以阻碍经济社会发展为代价，因此，惩罚应以保障国家省重点项目建设、促进地区民生改善、支持保障性住房建设等为前提。具体奖惩措施为：

（1）将考核结果与下一年度新增建设用地和存量建设用地计划指标相挂钩，针对土地盘活利用突出的市、县，可奖励未利用地、宗地等存量用地指标。

（2）将考核结果与下一年度用地审批相挂钩，对土地供应计划落实不到位、土地粗放利用、土地闲置状况严重的市、县，在下一年度，可暂停新增建设用地审批。

（3）将考核结果与地方政府人事制度挂钩，对节约集约工作出色的地方政府领导给予表彰和资金奖励，并规定资金用于土地节约集约措施；对节约集约存在较大问题的地方政府领导予以通报批评，并规定进行书面总结和调整措施陈述，对连续2年及以上存在问题、或整改效果不明显的地区，将考核结果直接作用于地方领导的任免。

第十三章 天津市概况

第一节 天津市经济社会发展概况

一、天津市经济社会发展态势

1. 行政区划

天津市简称津，全市面积 11917.3 平方公里，常住人口 1354.58 万人（2011 年）。共有 16 个县级行政区划单位（其中：13 个市辖区、3 个市辖县），243 个乡级行政区划单位（其中：108 个街道、115 个镇、18 个乡、2 个民族乡）。市政府驻河西区友谊路。其中，市辖区包括市内六区、环城四区，以及滨海新区、武清区、宝坻区；市辖县包括静海县、宁河县、蓟县。天津市行政区划略图如图 13-1 所示。

2. 人口

2011 年末，天津市常住人口 1354.58 万人，居住在城镇的有 1090.44 万人，城镇化水平为 80.5%；男性 725.92 万人，占 53.59%，女性 628.66 万人，占 46.41%。户籍人口 996.44 万人，其中，农业人口 382.53 万人，非农业人口 613.91 万人。全市人口出生率 8.58‰，人口死亡率 6.08‰，人口自然增长率 2.50‰，已经进入低速增长期。

3. 地区生产总值

2011 年天津市地区生产总值达到 11307.28 亿元，比上年增长 16.4%，其中，劳动者报酬为 4378.14 亿元，固定资产折旧为 1416.06 亿元，生产税净额为 1771.81 亿元，营业盈余为 3741.27 亿元。全市人

均生产总值达到 85213 元，比上年增长 10.9%。社会劳动生产率达到
151586 元/人，比上年增长 15.51%。

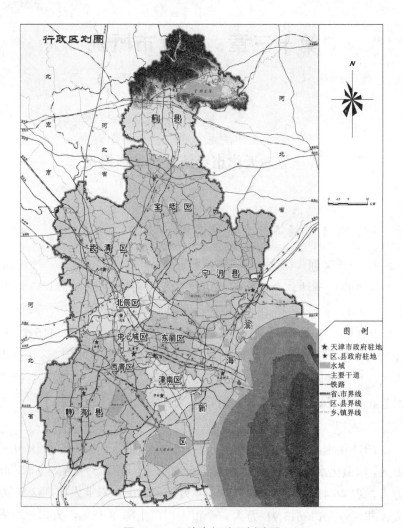

图 13-1　天津市行政区划略图

4. 居民收入与消费

2011 年城镇单位从业人员人均劳动报酬 58635 元，增长 13.9%。
城市居民人均可支配收入 26921 元，增长 10.8%；农村居民人均纯收
入 11891 元，增长 15.5%。居民生活水平持续提升。2011 年城市居民

人均消费性支出 18424 元，增长 11.2%，其中，服务性消费支出 4683元，增长 8.9%；商品性消费支出 13741 元，增长 12.1%，快于服务性消费支出 3.2 个百分点。农村居民人均生活消费支出 6725 元，增长 19.96%，其中衣着、交通通讯支出分别增长 17.13% 和 84.98%。

5. 产业规模及结构

2011 年第一产业稳定发展，完成增加值 159.72 亿元，比上年增长 9.71%；第二产业仍为推动天津经济快速增长的主要力量，完成增加值 5928.32 亿元，增长 22.48%；第三产业发展提速，完成增加值 5219.24 亿元，增长 23.13%。三次产业对经济增长的贡献率分别为 0.4%、58.6% 和 41.0%；三次产业结构由 2005 年的 2.9:54.6:42.5 变化为 2011 年的 1.4:52.4:46.2。

二、区县经济发展态势

1. 市内六区

和平区位于天津市中心，是全市的政治、商贸、金融和信息中心。区辖 6 个街道办事处、62 个居委会，占地面积 9.98 平方公里，2011 年户籍人口 40.22 万人，常住人口 30.31 万人。和平区以现代服务业为主，着力发展高质金融、高端商务、高档商业、高新科技、文化旅游和商业地产 6 大支柱产业，是天津市金融中心、现代商务中心和高端商业中心的核心区。

南开区是天津市行政区之一，位于中心城区西南部，区辖 12 个街道办事处、170 个居委会，占地面积 40.64 平方公里，2011 年常住人口 105.54 万。南开区是一个具有商贸、科技、文化特色的充满生机活力的新型城区，具有综合发展的有利条件和优势，是天津市技术领先、规模庞大的仪表电子、机械制造工业中心。

河西区位于天津市市区东南部，现为天津市党政机关所在地，因地处海河西岸而得名。区辖 13 个街道办事处、193 个居委会，占地面积 42 平方公里，2011 年常住人口 90.1 万。河西区是发达的工业区，全区有各类企业 4000 余家，大中型工业企业 120 多家，既有造纸、毛织、染料、棉纺等老企业，又有逐年兴起的电子、机械、冶金、电机、建材、化工、食品加工等企业。

河东区是天津市中心市区之一，位于天津市东部，区辖 13 个街道办事处、155 个居委会，占地面积 40 平方公里，第六次全国人口普查，常住人口 88.98 万人。河东区是天津的发源地之一，是市区连接滨海新区的前沿，是实现天津市经济中心战略东移的要地。

河北区是天津市发祥地之一，位于天津市区东北部，因地处海河以北而得名。区辖 10 个街道办事处、101 个居委会，占地面积 27.93 平方公里，2011 年常住人口 80.53 万。改革开放以来，河北区以创造最佳投资环境为目标，致力于发展区域经济，逐步发展成为集工业、商业、服务业、房地产业和旅游业为一体的开放型城区。

红桥区是天津的发祥地之一，位于天津城区西北部。区辖 10 个街道办事处，171 个居委会，占地面积 21.3 平方公里，2011 年常住人口 54.69 万人。红桥区交通发达，道路纵横，中环线贯通南北，是天津市赴北京、河北、东三省重要通道之一。目前，以楼宇经济、科技产业、特色街区建设、文化旅游业、传统商贸业为发展重点。

2. 环城四区

东丽区位于天津市中心市区和滨海新区之间，区辖 8 个街道办事处、60 个居委会，全境东西长 30 公里，南北宽 25 公里，占地面积 477 平方公里，2011 年常住人口 35.18 万人。东丽区有 6 个工业园区（航空产业区、军粮城工业园、金钟工业园、滨海机电工业园、军粮城散货物流区、华明工业园），2 个商务商贸区（华明商务商贸、新立商务商贸区）和东丽湖温泉度假旅游区。其中金钟工业园、华明工业园、航空产业区、军粮城工业园已申报天津市示范工业园区。

津南区位于天津市东南部，海河下游南岸，区辖 8 个镇、29 个居委会和地处市区的长青办事处，占地面积 420.72 平方公里，2011 年常住人口 62.98 万。"十二五"期间，将努力构建"海河教育园区（HED）、中心商务区（CBD）、科技研发服务区（TBD）"和"北部城市功能拓展带、中部产业发展提升带、南部生态文化旅游发展带"的"三区三带"空间发展格局。

西青区位于天津市西南部，区辖 2 个街道办事处、49 个居委会，占地面积 570.8 平方公里，辖区人口 68 万。西青区政府设在杨柳青镇，是著名的杨柳青年画原产地，西青区南端是天津高新技术发展区域，大寺镇为天津新发展的住宅区。到 2020 年，西青区将建设成为环渤海地区重要的以电子信息为主导的高新技术产业基地，以汽车产业为主导的先进制造业基地，以高等教育和研发孵化为主的科教研发基地，具有文化特色的生态宜居地区。

北辰区位于天津市城北，北运河畔。区辖 4 个街道办事处、103 个居委会、9 个镇，占地面积 480 平方公里，辖区人口 70 万。"十二五"期间，以加快转变经济发展方式、调整优化产业结构作为主攻方向，加快发展都市型农业，推进工业提升与转型，推进科技型中小企业、外向型经济和金融服务业快速发展，构筑结构优化、技术先进、清洁安全、附加值高、吸纳就业能力强的现代产业体系。

3. 滨海新区

滨海新区位于天津东部沿海，是副省级区、国家综合配套改革试验区和国家级新区。区辖 20 个街道办事处、282 个居委会、7 个镇，占地面积 2270 平方公里，2011 年常住人口 253.66 万。该新区紧紧依托北京、天津两大直辖市，拥有中国最大的人工港、最具潜力的消费市场和最完善的城市配套设施。凭借着得天独厚的资源，滨海新区已成为先进制造业产业区、滨海旅游区等著名的功能区。

4. 远郊二区三县

武清区位于天津西北部，地处京津两市之间，系滨海平原地区，已探明的地下矿藏资源有石油、天然气、煤、地下热水等。区辖 6 个街道办事处、33 个居委会、19 个镇，占地面积 1574 平方公里，2011年常住人口 100.51 万人。

宝坻是天津市辖区之一，区政府位于宝坻城关镇。区辖 3 个街道办事处，27 个居委会，18 个镇，占地面积 1450 平方公里，2011 年常住人口 83.12 万人。宝坻区总体定位为京津冀地区重要的先进制造业基地，以金融服务、商贸物流、休闲旅游、会议会展、文化教育为特色的现代服务业基地，服务京津的绿色、生态、安全农产品生产基地和生态宜居城市。

　　蓟县位于天津市最北部，地处京、津、唐、承四市之腹心。下辖26 个乡镇、1 个城区街道办事处，全县总面积 1593 平方公里，辖区人口 96 万。蓟县新城确定的发展定位为"文化古蓟州、京津后花园、健康产业城"，以现代服务业和文化创意产业为重点，将打造成生态宜居的中等规模现代化旅游城市。

　　宁河县位于天津市东北部，地处京津唐大城市群中间地带，面向广阔的华北、东北平原。下辖 14 个乡镇，全县总面积 1414 平方公里，2011 年常住人口 43.1 万人。宁河县立足天津，服务京津唐，面向环渤海，将建成重要的先进制造业基地、商贸物流基地、生态旅游基地、绿色农业基地和生态宜居城区。

　　静海县位于天津市西南部，距天津市区 40 公里，东临渤海，西连冀中，南临沧州，北接津京，素有"津南门户"之称，是国务院批准的沿海开放县之一。下辖 18 个乡镇，全县总面积 1476 平方公里，2011 年常住人口 67.43 万人。静海县将按照"两城三区六园"的县域空间架构，大力发展再生资源综合利用、钢铁、装备制造等支柱产业，培育壮大新能源、新材料和节能环保等战略性新兴产业，形成产业聚集、资源集约、人才集中的区域总体发展格局。

第二节　天津市空间发展格局

一、天津市土地利用综合分区简述

　　天津市根据其土地利用特点和发展趋势，综合考虑自然状况、经济社会结构及经济发展战略布局等因素，按照区内相似性最大、区外差异性最大及保持行政区划相对完整性的分区原则，划分了六个土地利用综合区（《天津市土地利用总体规划图（2006～2020 年）》）：都市核心功能区、滨海城市重点发展区、都市功能扩展区、京津协同发展区、城乡协调发展区、生态涵养发展区（参见图 13-2）。

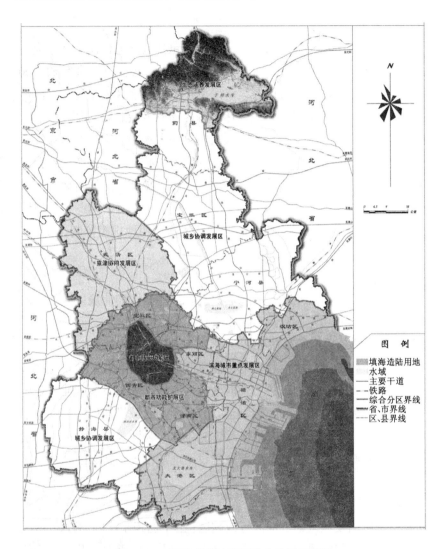

图 13-2　天津市土地利用综合分区示意图

1. 都市核心功能区

都市核心功能区是指外环线绿化带以内的区域,面积 37100 公顷,是天津市的行政文化中心和商贸服务中心,是城市功能的集聚区域。规划至 2020 年,区域建设用地总规模控制在 33400 公顷以内,其中新增建设用地规模控制在 3100 公顷以内。

2. 滨海城市重点发展区

滨海城市重点发展区是指滨海新区，包括塘沽区、汉沽区、大港区行政辖区以及东丽区、津南区的部分区域，陆域总面积约为227000公顷，其核心区由塘沽城区、天津经济技术开发区、天津港和天津港保税区组成。依托京津冀、服务环渤海、辐射"三北"、面向东北亚，将努力建设成为我国北方对外开放的门户，高水平的现代制造业和研发转化基地，北方国际航运中心和国际物流中心，经济繁荣、社会和谐、环境优美的宜居生态型新城区。规划至2020年，区域耕地保有量不低于22200公顷，基本农田保护面积不低于16700公顷；建设用地总规模控制在147600公顷以内，其中新增建设用地规模控制在37000公顷内。

3. 都市功能扩展区

都市功能扩展区是指东丽区、西青区、津南区和北辰区4个行政辖区在都市核心功能区和滨海城市重点发展区外的区域，面积144800公顷。该区域是承担都市核心功能区人口疏散、产业转移的重要区域，是承接都市核心功能区居住功能、商贸服务功能和产业发展功能扩展的重点区域，是联系都市核心功能区与滨海城市重点发展区的重要桥梁和经济发展的重要廊道。规划至2020年，区域耕地保有量不低于54000公顷，基本农田保护面积不低于24700公顷；建设用地总规模控制在52600公顷以内，其中新增建设用地规模控制在22200公顷以内。

4. 京津协同发展区

京津协同发展区即武清区行政辖区范围，面积157300公顷。该区是京津冀都市圈的重要节点，京津城市协同发展的重要环节，是连接京津两地的重要廊道区域，是天津市城市发展和产业辐射的重要区域，同时也是天津市农业生产条件优越的地区。规划至2020年，区域耕地保有量不低于92400公顷，基本农田保护面积不低于79100公顷；建设用地总规模控制在35300公顷以内，其中新增建设用地规模控制在6600公顷以内。

5. 城乡协调发展区

城乡协调发展区包括宝坻区、宁河县和蓟县京哈公路以南区域以及市域南部的静海县,面积 501400 公顷。该区是天津市主要的农业区,是现代制造业的重要承续区域。规划至 2020 年,区域耕地保有量不低于 252700 公顷,基本农田保护面积不低于 231000 公顷,建设用地总规模控制在 97800 公顷以内,其中新增建设用地规模控制在 17400 公顷以内。

6. 生态涵养发展区

生态涵养发展区为天津市北部蓟县京哈公路以北区域,面积 98100 公顷。该区是天津市唯一的山地地貌区,是天津市重要风景旅游区和生态屏障区域。规划至 2020 年,区域耕地保有量不低于 16000 公顷,基本农田保护面积不低于 8500 公顷;建设用地总规模控制在 29800 公顷以内,其中新增建设用地规模控制在 5300 公顷以内。

二、基于区县角度的空间发展趋势

天津市结合其发展实际和新的发展要求,提出了实施"双城双港、相向拓展、一轴两带、南北生态"的总体发展战略(《天津市空间发展战略规划》)(参见图 13-3)。

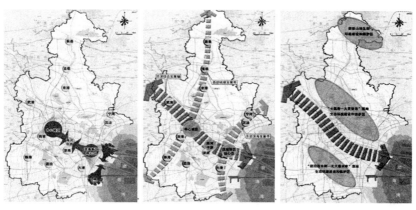

a　双城双港、相向拓展　　　b　一轴两带　　　c　南北生态

图 13-3　天津市空间发展战略示意图

双城是指中心城区和滨海新区核心区，是天津城市功能的核心载体。双港是指天津港的北港区和南港区，是城市发展的核心战略资源，是天津发展的独特优势。相向拓展是指双城及双港相向发展，是城市发展的主导方向。

一轴是指"京滨综合发展轴"，依次连接武清区、中心城区、海河中游地区和滨海新区核心区，有效聚集先进生产要素，承载高端生产和服务职能，实现与北京的战略对接。两带是指"东部滨海发展带"（贯穿宁河、汉沽、滨海新区核心区、大港等区县，向南辐射河北南部及山东半岛沿海地区，向北与曹妃甸和辽东半岛沿海地区呼应互动）；"西部城镇发展带"（贯穿蓟县、宝坻、中心城区、西青和静海，向北对接北京并向河北北部、内蒙延伸，向西南辐射河北中南部，并向中西部地区拓展）。

南生态是指以京滨综合发展轴以南的"团泊洼水库—北大港水库"湿地生态环境建设和保护区为核心，构建南部生态体系。北生态是指以京滨综合发展轴以北的蓟县山地生态环境建设和保护区、"七里海—大黄堡洼"湿地生态环境建设和保护区为核心，构建北部生态体系。

为提高外围区县综合实力，突出区县发展特色，加强城乡互动，实现各区县加快发展，规划提出了外围区县实施"新城集聚、多点布局、特色发展"的策略。

1. 新城集聚

新城集聚主要是指武清、宝坻、静海、宁河、蓟县、京津和团泊等新城，按照中等城市标准建设，进一步完善载体功能，壮大经济实力，带动区县发展。

武清新城发展成为京滨综合发展轴上的重要新城，高新技术产业基地、现代物流基地和生态宜居城市；宝坻新城发展成为京津唐地区重要的商贸物流基地、加工制造基地和生态宜居城市；静海新城发展成为现代制造业基地、区域物流中心和生态宜居城市；宁河新城发展成为联系东北地区的门户，京津唐地区的加工制造基地、商贸物流基地和生态宜居城市；蓟县新城发展成为天津市历史文化名城，京津冀北地区具有特色的文化、旅游和生态城市；京津新城发展成为京津唐地区以休闲旅游、会议会展、文化教育为特色的现代服务业基地，彰显北方水城特色的生态宜居城市；团泊新城发展成为以科技研发、教育体育、创意产业、旅游度假为主的生态宜居城市。

2. 多点布局

多点布局主要是指通过构建中心镇——一般镇——中心村三级镇村体系，统筹城乡居民点、产业、基础设施布局，促进人口和产业向城镇集聚，提升城镇综合实力和服务带动能力，成为带动区县加快发展新的增长点。

3. 特色发展

特色发展主要是指立足本地资源条件、产业基础和比较优势，明确区县功能定位和发展方向，以高水平的示范产业园为带动，彰显产业特色、环境特色、文化特色和建筑特色，促进各区县与滨海新区、中心城区的产业对接和互动。

第三节　天津市建设用地利用现状分析

根据天津市 2011 年土地利用现状变更调查成果，全市 2011 年建设用地总面积为 394613 公顷，占土地总面积的 33.11%。

一、建设用地利用现状结构分析

天津市 2011 年建设用地总面积为 394613 公顷，其中，城镇村及工矿用地面积为 316056 公顷，占总建设用地比例为 80.09%；交通运输用地 43198.99 公顷，占总建设用地比例为 10.95%；水工建筑用地 9207.14 公顷，占总建设用地比例为 2.33%。天津市土地利用现状图如图 13-4 所示。

城镇村及工矿用地中，城镇建设用地面积为（城市和建制镇）140987.79 公顷，村庄用地面积为 124763.58 公顷，采矿用地面积为 44444.42 公顷，风景名胜及特殊用地面积为 5859.84 公顷，各类建设用地占居民点及独立工矿用地的比例如表 13-1 所示。

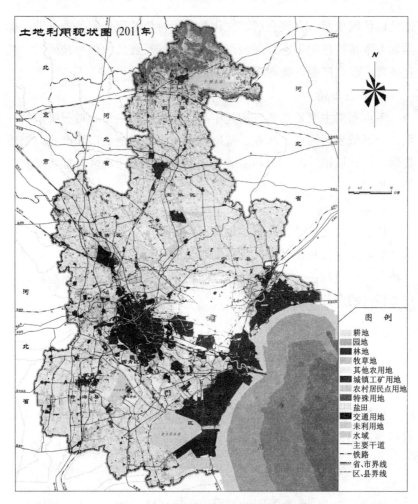

图 13-4　天津市土地利用现状示意图

表 13-1　天津市城镇村及工矿用地结构表

单位：公顷，%

土地类型		面积	比重
其中	城镇村及工矿用地	316056	100
	城市和建制镇用地	140987.79	44.61
	村庄用地	124763.58	39.48
	采矿用地	44444.42	14.06
	风景名胜及特殊用地	5859.84	1.85

由以上建设用地结构分析可知，天津市建设用地内部结构具有不平衡性，村庄用地、采矿用地面积比例高，这已经成为天津市用地结构区别于其他城市的显著特征。产生如此特征的原因，除与天津市城市性质、功能相关外，更需考虑天津市建设用地中盐田、农村居民点面积较大等因素。可见，根据天津市各类用地现状及未来发展趋势，充分挖掘农村居民点用地、独立工矿用地的内部潜力，促使其适当向交通用地、城镇用地转换，优化建设用地内部结构，是天津市土地节约集约利用的重点之一。

二、建设用地变化态势分析

1. 建设用地总体变化态势

历年建设用地面积变化趋势显示（参见图 13-5），建设用地在连续多年平稳增长的基础上，从 2003 年进入了较快增长阶段，这是处于发展状态大都市的建设用地发展规律本质反应。这也与 2004 年对未办理变更手续的建设用地清查登记有关。随着城市化速度加快，城市建设需求空间将进一步加大。

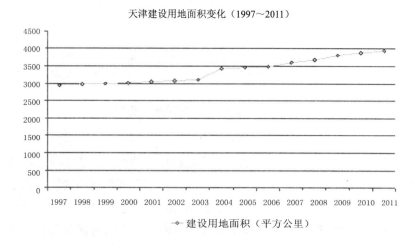

天津建设用地面积变化（1997～2011）

图 13-5　天津市 1997～2011 年建设用地变化趋势图

2. 各类建设用地变化态势

2009～2011 年，天津市交通运输用地从 40293.22 公顷增加到 43198.99 公顷，水域及水利设施用地由 279050.34 公顷增加到 279908.93 公顷，城镇用地由 139491.15 公顷增至 140987.79 公顷，村庄用地从 115617.29 公顷增至 124763.58 公顷；采矿用地面积略有下降，从 44843.32 公顷减少至 44444.42 公顷。将各类建设用地历年变化进行比较（参见图 13-6），发现天津市各类建设用地变化态势的显著特征为：其一，采矿用地面积略有下降，其二，本应随着城镇化加快而减少的农村居民点用地反而呈现出增长态势。究其原因，应该是天津市社会经济发展较快的必然结果，但也需充分考虑开发区盲目乱建、农村居民点用地管理和整治力度不足等因素。

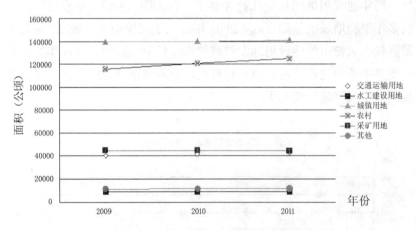

图 13-6 天津市各类建设用地变化图

3. 各区县建设用地变化态势分析

2009～2011 年，整体来看，天津市建设用地面积在 2 年间大约增长了 3.56%，大多数区县建设用地面积保持了不同程度的增长，其中增幅最大的是武清区，建设用地面积从 2009 年的 32049.27 公顷增加为 2011 年的 34819.1 公顷，增幅达到 8.64%，居全市各区县首位。增幅较高的还有静海县，建设用地面积从 29148.87 公顷增加到 31324.42 公顷，增幅为 7.46%。增幅较低的有市区和滨海新区，滨海新区 2 年间，增幅仅为 0.92%，在天津市所属的区县中，只有市内六区建设用地面积保持不变。各区县的建设用地数值如表 13-2 所示。

表 13-2　天津市各区县建设用地变化情况

单位：公顷

行政名称 \ 年份	2009	2010	2011
市内六区	18115.72	18115.72	18115.72
滨海新区	130845.92	131161.02	132050.2
东丽区	27656.72	28587.86	28888.9
西青区	22387.51	23148.91	23712.65
津南区	17385.69	17960.65	18095.34
北辰区	18062.16	18711.52	19264.69
武清区	32049.27	33170.65	34819.1
宝坻区	31977.69	32397.5	33203.64
宁河县	16996.06	17565.62	18066.19
静海县	29148.87	30428.27	31324.42
蓟县	36421.46	36933.51	37072.15

三、建设用地发展面临形势分析

1. 建设用地发展面临的历史使命

天津在国家振兴环渤海区域经济的发展战略中被赋予重任，早在 20 世纪 90 年代，国家就把天津确定为环渤海地区的经济中心和我国北方重要的经济中心。进入新世纪，党中央、国务院对振兴环渤海区域经济高度重视，中央领导多次提出，天津要充分发挥滨海新区的经济、人才、技术、资源等综合优势，以带动环渤海区域经济和我国北方地区的发展，这是国家发展战略的重要组成部分，也是天津和环渤海地区发展的历史机遇。

为了进一步带动环渤海的发展，天津要努力建设成为国际港口城市、我国北方的经济中心和生态城市。具体表述为：技术先进、制造业发达、服务水平一流、综合竞争力强、对外开放度高、创业环境优越的我国北方经济中心，适应全球一体化发展趋势、对外联系便捷、信息网络高效、辐射能力强的国际港口城市，资源利用高效、安全体系完善、生态环境良好、宜人居住的生态城市，历史文化底蕴深厚、近代史迹特色突出、教育文化科技发达的文化名城。

因此，天津建设用地的发展必须为以高新技术产业为主的现代制造业基地；我国北方国际航运中心，航空枢纽港，区域综合交通枢纽；我国北方国际物流中心和会展中心；以金融、商贸、科技、信息、文化教育为主的区域性服务中心；以近代史迹为特点的国家历史文化名城和知名旅游城市；生态环境良好的宜居城市等功能完善和提升提供建设用地。在滨海新区的发展被提到国家战略高度前提下，重点保证滨海新区建设用地，带动天津经济发展，成为环渤海地区经济振兴的龙头，显得更为重要。

2. 建设用地发展面临的政策新形势

国务院已经明确，把加快建设节约型社会、大力推进节约和集约利用土地，作为国民经济和社会发展"十一五"总体规划及专项规划的重要内容。因此，推动土地利用方式由粗放型向集约型转变，由大手大脚用地向例行节约用地转变，由宽松优惠供地政策向从严供地政策转变，由约束性不强的管理向依法依规的管理转变，大幅度提高土地利用率，有效保障土地供给，严格保护耕地和基本农田，重点控制建设用地已经成为当前建设用地发展所面临的政策新形势。

3. 建设用地发展面临土地资源约束

天津市耕地后备资源比较少，全市现状未利用地（包含了河流水面、沿海滩涂、内陆滩涂、沼泽地、裸地）扣除未利用地中的河流水面、滩涂等需要加以保护的土地，未利用土地（沼泽地、裸地）实际仅占土地总面积的 0.4%。根据适宜性评价结果，在现有的技术条件和经济条件下，能够作为耕地后备资源少之又少。在目前保护耕地、实行占补平衡政策条件下，由于耕地后备资源稀少，补充建设占用耕地的空间不足，限制了建设用地空间的发展。同时，天津湿地面积比较大，现有河流、滩涂、沼泽、苇地、水库等湿地面积占全市土地总面积的 10%以上。其中，七里海、北大港水库、团泊洼水库等都是自然保护区。这些湿地对于保护和改善天津的生态环境发挥了重要作用。

但限制了建设用地的拓展。因此，在以上土地资源特征限制下，建设用地拓展的规模和空间位置受到一定程度限制。

总之，天津在国家振兴环渤海区域经济的发展战略中被赋予重任，将会成为环渤海地区的经济中心和我国北方重要的经济中心。目前，天津正处于工业化、城镇化加快发展的进程中，其承载的人口、经济总量呈现不断上升趋势，土地需求十分强烈。在国家实行严格的耕地保护制度的前提下，在建设用地扩张受到生态环境的约束下，应突破传统的土地利用模式，在土地使用中积极探索节约和集约利用的模式和机制，做到存量建设挖潜和新增建设用地供应相挂钩，城镇用地增加和农村居民点用地减少相挂钩，有步骤有计划地促进土地集约和节约利用，严格保护耕地。

第十四章 天津市城市建设用地节约 集约利用制度建设现状

第一节 节约集约利用制度概述

近年来，天津市在健全节约集约用地制度方面做了大量工作，系统地提出和完善了节约集约用地政策措施,逐步建立健全以规划管控、计划调节、标准控制、市场配置、政策鼓励、监测监管、考核评价为主要内容的共同责任机制，强化对建设用地总量、布局、结构及农村建设用地规模控制，积极鼓励低效土地"二次开发"，盘活存量土地，提升土地效益，加强项目用地全过程、全方位监测监管，将节约集约用地落到了实处。

一、制度建设情况

1. 细化建设用地控制指标

为贯彻落实国务院关于加强土地管理，促进建设用地集约利用的要求，结合天津实际情况，编制了《天津市工业项目建设用地控制指标》（以下简称《天津控制指标》）。与《国家控制指标》相比《天津控制指标》体现了两个特点：一是充分考虑本市特点，在划分应用单元时，将行政区与经济功能区相结合，将天津市土地功能划分为四类区域，分别与《国家控制指标》的一到四类相对应；二是部分区域投资强度控制标准较《国家控制指标》提高了 25%，除宁河、宝坻、蓟县和静海县的部分区域继续执行《国家控制指标》外，全市其余区域投资强度控制标准均提高 25%。

2. 积极盘活现有建设用地

结合第二次土地调查工作，组织各区县国土资源部门开展了全市闲置土地清理工作，形成了《闲置房地产用地处置意见》，加大闲置土地处置力度，促进项目动工建设，形成有效市场供应。鼓励工业企业节约集约用地，印发了《关于支持企事业单位利用现有用地改造建设的有关意见》，鼓励现有工业生产项目（不包括工业房地产开发项目、工业销售及附属设施项目等）提高土地利用率，增加容积率。凡符合城市规划、不改变用途的，可直接申请办理规划审批手续，不再调整用地批准文件。

3. 强化土地出让合同监管

为进一步提高出让土地开发利用效率，减少和杜绝出让土地闲置和开发商囤地，2009 年从强化出让合同监管入手，增加合同开发利用条款，修订完善出让合同示范文本，增强出让合同的可操作性。对 2008 版出让合同示范文本进行了修订，增加了基础部位、主体部位等监管环节。进一步强化出让合同履约监管机制，从项目开工、基础部位、主体部位、竣工等关键阶段进行监管，对未按期开工、建设、竣工的土地开发商予以公告，并按约定收取违约金，直至收回土地，实现对出让合同的全覆盖监管。

4. 完善土地整理储备制度

结合国土资源部《土地储备管理办法》贯彻实施，制定了《天津市土地整理储备管理办法》《天津市土地整理储备计划管理办法》。通过制度的完善，一是强化了土地储备计划管理，细化了储备计划中年度储备土地规模、土地前期开发规模、土地供应规模、土地临时利用计划和计划年度末储备土地规模等内容要求；二是解决了土地储备涉及的有关登记问题，对依法收回的国有土地（包括无偿收回和有偿收回）、收购的土地、行使优先购买权取得的土地及已办理农用地转用、土地征收批准手续的五类土地，由土地登记机关办理注销土地登记手续后，纳入到土地储备；三是建立储备土地的供应与农地转用指标挂钩制度，已办理农用地转用、土地征收批准手续的土地纳入储备计划，纳入储备满两年未供应的，在下达下一年度农用地转用计划时扣减相应指标。

5. 出台集约用地鼓励政策

为鼓励地下空间的开发与利用，出台了《关于进一步明确实施建设类项目土地出让金政府净收益收取标准的通知》，对于地下经营性建设用地项目，地下空间单独进行地价评估，土地出让金政府净收益收取标准按照地表建设项目政府净收益额标准减半收取。积极探索地上地下空间权利设定和登记制度的研究，在《天津市土地登记技术规范》中明确了"地下建筑物土地使用权登记"的概念、申请人、需要提交的权属来源证明及其他文件、审查要点等内容。

二、具体实践探索

1. 强化土地利用总体规划管控

目前，天津市三级土地规划已全部获得批准。在总体规划指导下科学确定各类建设用地总量，从严控制规划期内城镇工矿用地，提高农村土地利用效率，实行建设用地功能区控制和空间控制，实行耕地和基本农田总量及空间控制，高标准划定基本农田保护区，将基本农田落实到地块与图斑。积极引导各类项目依据规划用地，杜绝随意申请土地利用总体规划调整行为发生。在审查各类规划时，对不符合土地利用总体规划的，要求及时调整和修改，核减用地规模，调整用地布局。

2. 改进土地利用年度计划管理

改进土地利用年度计划管理，严格控制新增建设用地总量和新增建设用地占用耕地的数量，全市实行计划指标额度管理，统一调控计划指标，是天津市的第一个创新。在土地指标使用上，按照"控增量、逼存量"的原则，优先保障滨海新区项目、市级以上重点项目，优先满足保障性住房和示范工业园区用地，通过将土地指标审批与节约集约用地、治理违法用地等挂钩，深化计划指标额度管理，按项目审批用地，提高指标使用效率，充分发挥土地指标的保障和调控作用。

3. 严格落实建设用地标准控制

通过调整工业项目用地审批方式，采取征转分离、出让方案备案等措施，将转用征收、出让和国家《工业项目建设用地控制指标》紧密结合起来，有效控制了项目占多用少等圈地行为；对分期实施的大型工业项目规划预留用地，根据实际到资情况和生产建设进度，分期分批确定转用土地数量进行供地；严控产业园区内道路规模，严格土地使用条件，要求轻工业建设必须为多层厂房，未达到土地集约利用要求的企业申请增资扩建用地的，须先使用已有建设用地，并将已有土地与新申请用地数一并计算用地指标。

4. 坚持市场配置土地资源

坚持和完善国有土地招标拍卖挂牌出让制度，实行经营性基础设施用地有偿使用，实行全市统一的经营性用地和工业用地集中交易制度。在经营性用地公开出让前对各区县的土地出让方案进行会审，对存在超面积出让、捆绑出让、"毛地"出让、住宅用地容积率小于 1 的项目，不予通过会审；凡不符合国家产业政策和《工业项目建设用地控制指标》要求的工业用地，各区县不进行出让方案备案，不上市交易。为防止各类园区办公楼宇和厂房空置，按照适度超前、控制风险、节约用地的原则，一个园区一次性建设 20 万平方米以上办公楼宇和工业标准厂房的，土地出让方案须报经市局审核同意后方可出让。

5. 加强土地市场动态监测

按照国土资源部《关于开展中国土地市场动态监测系统运行示范工作的通知》要求，及时制定了《天津市土地市场动态监测管理实施意见》，建立了天津市土地市场动态监测网络系统，制定了系统操作运行、数据审核、市场运行情况监测分析、保密安全、人员上岗培训等各项管理制度。新建系统实现了与国土资源部土地市场动态监测系统和中国土地市场网的完全对接，加强了各类土地变化状况的监测。根据《土地管理法》和《天津市土地管理条例》的规定，要求进一步提高土地遥感监测反应速度和准确性，做到"周期更短、内容更全、覆盖更广、应用的深度和广度进一步扩大"，及时掌握了全市土地的动态变化信息，为土地执法监察和土地变更调查提供了依据。

6. 严格土地执法监管

严格土地执法监管，建立了巡查工作机制。成立市及 12 个涉农区县两级巡查队伍，对全市实行全覆盖式巡查，确保对违法行为能及时发现、及时制止、及时查处。强化联合办案机制，共同治理违法用地。对未取得合法用地手续的建设项目，发展改革部门不予办理项目审批、核准手续，规划部门不予办理建设规划许可，建设部门不予发放施工许可证，电力和市政公用企业不予通电、通水、通气，国土房管管理部门不予受理房地权属登记；对未依法办理农用地转用审批手续占用农用地设立的企业，工商部门不予登记。通过努力形成治理违法行为的快速反应机制、联合办案机制，保持对违法违规行为的高压态势。

7. 坚持土地利用常态化考核

开展城乡建设用地节约集约利用评价考核，定期开展开发区土地集约利用评价和重点城市建设用地节约集约利用潜力评价已成为天津市一项常态工作。2008 年、2010 年及 2012 年开展了三轮开发区土地集约利用评价工作，对全市各级开发区的土地利用状况、用地效益、管理绩效、典型工业企业、土地供应与保障情况等展开调查，有针对性地提出了进一步提高开发区节约集约用地水平的措施和建议。2012年开展了城市建设用地节约集约利用潜力评价，全面掌握了天津市中心城区建设用地利用状况、节约集约利用程度、潜力规模与空间分布，为科学管理和合理利用建设用地，制定促进节约集约用地的对策和措施，提供了重要依据。

8. 探索节约集约用地共同责任制

根据国土资源部构建"党委领导、政府负责、部门协同、公众参与、上下联动"的共同责任制度的要求，以国土资源节约集约模范县（市）创建活动为契机，加强部门协同联动，充分调动社会力量参与。自 2010 年开展模范县（市）创建活动试点以来，各区县成立了以党政主要领导负责的领导机构和政府相关部门参加的组织机构，将节约集约用地纳入领导干部考核体系，深入典型区域开展调研，总结各区县在节约集约用地中形成的好经验、好做法，建立健全了违法用地治理与新增建设用地审批等各项制度。同时，借助电视、网络、报纸、期刊等传播途径，利用"6·25"土地日开展重大宣传活动，深入社区、学校、企业宣传节约集约用地理念，推动在全社会形成节约集约用地的社会共识。

第二节　建设用地节约集约利用总体评价

一、节约集约利用实践评价

2008 年、2010 年及 2012 年，天津市开展了三轮开发区土地集约利用评价工作，对全市各级开发区的土地利用状况、用地效益、管理绩效、典型工业企业、土地供应与保障情况等展开调查，有针对性地提出了进一步提高开发区节约集约用地水平的措施和建议。

自 2010 年天津市开展国土资源节约集约模范县（市）创建活动以来，全市 16 个区县全部达标，其中和平区、东丽区、北辰区、西青区、武清区获得了"国土资源节约集约模范县"的荣誉称号；另外，还开展单位 GDP 建设用地下降目标分解及 2011 年度评估及农用地分等定级等工作，其中单位 GDP 建设用地下降目标已被市委纳入到各区县党政领导班子和领导干部综合考评的经济社会发展指标评估部分。

2012 年，天津市开展了城市建设用地节约集约利用潜力评价工作，全面掌握了天津市中心城区建设用地利用状况、节约集约利用程度、潜力规模与空间分布，为科学管理和合理利用建设用地，制定促进节约集约用地的对策和措施，提供了重要依据。

2013 年，天津市开展了《建设用地使用标准修订和节约集约用地考核评价体系建设》项目，研究确定了 31 个工业行业、20 个工程类项目的建设用地使用标准，建立了开发区、区县、市域差别化的建设用地节约集约利用评价体系，同时建立了建设项目用地定额管理制度、节约集约用地定期考评制度及节约集约用地数据库，有效引导各行各业用地向节约集约、可持续方向发展，科学性及适用性较强，在全国具有借鉴和推广意义。

二、对节约集约利用制度体系建设的启发

天津市通过常态化的节约集约利用评价考核工作，摸清了企业、开发区、区县、城市不同层级的集约用地实际水平、潜力规模与分布状况，有效辅助了各方主体对节约集约用地政策措施的制定、实施，同时，对天津市节约集约利用制度体系建设有一定的启发。

1. 积极开展建设用地普查评价

将城市建设用地节约集约用地情况纳入国土资源大调查、城镇地籍调查、土地利用变更调查等工作范畴，形成基于宗地为基本单元的城市建设用地节约集约利用情况普查成果。逐宗地调查建设用地规模、现状用途、行业类别、固定资产投资、经济产出、人口规模、用地结构、容积率、建筑密度、用地审批、土地供应、土地储备闲置等基本情况，为开展不同层面的城市土地节约集约利用评价提供口径统一的基础数据。

2. 逐步强化评价成果实践应用

以开发区、模范县创建、城市建设用地节约集约利用评价等评价工作为基础，建立建设用地调查和动态监测系统，与"一张图"进行对接，并定期对数据进行更新，为城市规划建设和土地资源管理提供依据和信息支持；制定相应的节约集约利用评价考核办法、成果公示及奖惩调控机制，保障评价结果与实际土地资源管理工作相互衔接，增强评价成果的实用性。

3. 保障市场配置土地资源能力

完善土地储备制度，能够根据市场的要求调节土地供给，并以此调控整个土地市场以至经济发展的状况；土地供应建设，应该与城市规划和国家的产业政策、用地政策相结合，注重以土地供应数量的结构和时序来调整、引导固定资产投资规模与方向，促进城市土地集约利用潜力的释放。

4. 推行节约集约用地鼓励政策

实行城市节约集约用地鼓励政策，建立城市建设用地节约集约利用评价与优先安排建设用地指标相挂钩的激励机制；实行优先发展产

业的地价政策，属于天津市优先发展产业且用地集约的工业项目，鼓励各行业在各类工程设计中积极实施节约集约用地标准；在财政、税收等方面出台激励政策，鼓励"二次供地"，优先开发利用废弃地、空闲地和闲置地，探索完善现行土地税费制度，提高新增建设用地取得成本；鼓励地上地下空间开发利用，完善地上地下建设用地使用权配置方式、地价确定、权利设定和登记制度。

第十五章 天津市建设用地节约集约利用制度体系建设方案

第一节 节约集约利用制度体系建设的宏观战略

一、战略构想

节约集约用地制度是我国土地管理制度中的一项基础性制度，是保障和促进经济社会科学发展的战略举措。天津市通过构建节约集约用地制度体系，并积极推进节约集约用地制度的实施，可完成转变土地利用方式和经济发展方式，落实节约优先战略，落实最严格的耕地保护制度，提升土地资源对经济社会发展的承载能力和利用效益，破解"两难"问题，促进城乡建设用地合理布局和节约集约利用，保障和促进经济社会可持续发展的战略构想。

二、战略目标

以天津市在节约集约用地制度政策和具体实践方面的探索为基础，根据十七届三中、五中全会的相关决定和中央领导同志对建立最严格的节约用地制度、实施节约优先战略的指示，天津市城市建设用地节约集约利用制度体系建设的战略目标如下：紧紧围绕科学发展主题和加快发展方式转变主线，以保障经济社会可持续发展为目标，以提升土地资源利用效率和土地投入产出水平为着力点，合理控制建设用地规模，优化土地利用布局和结构，拓展符合资源国情的建设用地新空间，创新节约集约用地模式，加强节约集约用地评价考核，促进各项建设少占地、不占或少占耕地，实现以较少的土地资源消耗保障支撑更大规模的经济增长。

第二节　节约集约利用制度体系设计思路

一、设计思想

1. 根据国家颁布的节约集约用地政策

2008 年 1 月，国务院颁布了《关于促进节约集约用地的通知》，从规划调控、用地标准、市场配置和监督检查方面做出了具体要求。2012 年 3 月，国土资源部也发布了《关于大力推进节约集约用地制度建设的意见》，要求各地按照"规划管控、计划调节、标准控制、市场配置、政策鼓励、监测监管、考核评价、共同责任"的框架体系，重点建立健全以下八项节约集约用地制度：土地利用总体规划管控制度、土地利用计划调节制度、建设用地使用标准控制制度、土地资源市场配置制度、节约集约用地鼓励政策制度、土地利用监测监管制度、土地利用评价考核制度、节约集约用地共同责任制度。2014 年 6 月，国土资源部发布了《节约集约利用土地规定》（简称《规定》），这是我国首部专门就土地节约集约利用进行规范和引导的部门规章。《规定》针对当前土地管理面临的新形势，充分借鉴和吸收地方成功经验，对土地节约集约利用的制度进行了归纳和提升并做了具体要求："进一步加强规划引导、进一步强调布局优化、强化标准控制作用、充分发挥市场配置作用、突出了存量土地的盘活利用以及完善了监督考评新机制。"

天津城市建设用地节约集约利用制度体系建设的设计思路主要按照《关于大力推进节约集约用地制度建设的意见》中要求建立健全的八项节约集约用地制度为框架，在最新的相关政策文件的指导下进行完善。

2. 根据天津市节约集约用地制度建设现状

经过多年的政策探索和实践经验，2010年，天津市在节约集约用地制度建设方面已取得了一定进展，严格落实定额指标管理、积极盘活现有建设用地、强化土地出让合同监管、完善土地整理储备制度。近年来，天津市继续健全节约集约用地制度体系，系统提出和完善节约集约用地政策措施，逐步建立健全以规划管控、计划调节、标准控制、市场配置、政策鼓励、监测监管、考核评价为主要内容的共同责任机制，强化对建设用地总量、布局、结构及农村建设用地规模控制，积极鼓励低效土地"二次开发"，盘活存量土地，提升土地效益，加强项目用地全过程、全方位监测监管，将节约集约用地落到了实处。

本书在天津市已有的制度建设经验的基础上，结合未来国家土地管理方面的发展趋势和创新性政策，针对当地的城市建设用地节约集约利用特点，设计具有天津特色的城市建设用地节约集约利用制度体系。

二、框架体系

本书按照国家规定的"规划管控、计划调节、标准控制、市场配置、政策鼓励、监测监管、考核评价、共同责任"的框架体系，并结合最新的土地管理政策和发展趋势，如"三规合一"或者"多规融合"的相关政策和研究、税费调控政策等，建立了天津城市建设用地节约集约利用制度框架体系。具体包括：基于"多规融合"的规划管控制度、差别化的土地利用计划调节制度、基于全行业的建设用地标准控制制度、城乡统一市场的土地资源配置制度、基于不同环节的税费调控制度、双管齐下的土地利用监测监管制度、基于多尺度的节约集约利用评价制度和基于行政体系的绩效考核制度。

第三节　节约集约利用制度体系的方案设计

一、设计原则和方法

1. 设计原则

坚持统筹城乡用地，合理确定用地布局和结构；坚持建设用地总量控制和用途管制，促进土地利用和经济发展方式转变；坚持市场配置土地资源，提高土地承载能力和利用效率；坚持土地使用标准控制，严格用地约束；坚持节约集约用地评价考核，促进制度有效落实。

2. 方法

（1）总结历史经验教训的方法

通过梳理天津城市建设用地节约集约利用现状、存在的问题，找出节约集约用地制度在政策和实践探索上存在的不足。通过总结历史经验教训，归纳出对今后节约集约用地制度体系建设的建议与改进方法，来不断完善制度体系。

（2）理论与实践相结合的方法

梳理城市建设用地节约集约利用的理论基础,包括土地区位理论、土地报酬递减理论、级差地租理论、土地产权理论、土地承载力理论及可持续发展理论等。总结各项理论对节约集约用地制度体系建设的思想启示和思路借鉴，并根据天津城市建设用地节约集约利用工作实践的情况，将理论基础与当地实际相结合，因地制宜地提出符合天津城市建设用地节约集约利用的具体政策，构建制度体系。

（3）借鉴地方相关经验的方法

梳理国内外和地方城市对建设用地节约集约利用制度建设的探索与创新，总结各地区取得的成效与不足，找出地方相关经验对天津市城市建设用地节约集约利用制度体系建设的启示和借鉴，构建具有天津市特点的制度体系。

二、具体方案设计

根据近年来天津市健全节约集约用地制度体系的实践工作，构建以规划管控、计划调节、标准控制、市场配置、税费调控、监测监管、考核评价为主要内容的节约集约用地制度体系。具体方案如下。

1. 基于"多规融合"的规划管控制度

实现规划管控的前提条件是使各项规划在规划目标、规划指标、空间分区管控、重点区域与重点项目等方面进行融合，解决以往规划实施出现的矛盾和冲突问题。通过建立"多规融合"的规划体系，可充分发挥各项规划对城市建设用地的管控作用，促进其节约集约用地。2014 年 1 月 24 日，住建部下发《关于开展县（市）城乡总体规划暨"三规合一"试点工作的通知》（建规〔2014〕18 号），标志着"三规合一"工作正式启动，天津市也被列为"三规合一"试点，为促进规划管控制度的建立奠定了基础。本书从规划编制与规划实施的角度，介绍天津市"多规融合"的规划管控制度设计方案。

（1）规划编制

在规划编制方面，天津市要建立"三规合一"的规划编制协调机制，实现工作组织、规划目标、空间管控以及重点区域与项目上的协调。

①工作组织协调

从工作组织上成立一个由市政府直接领导的规划编制委员会，统一指挥规划的编制、人员的调配、技术方案的审核、规划方案的协调、成果的申报等工作。从全局的角度，设定共同目标，组织相关技术人员负责具体编制。规划成果的审查报批程序可与现有土地利用总体规划程序一致。规划委员会组织编制完成规划成果后，向各部门、各下辖区县征求意见，开展专家论证，组织听证，向公众征求意见，上报本级政府审查、上级政府审批。审批通过后，规划成果向社会公示。

②规划目标与指标上协调

尽管"三规"的侧重点不同，规划具体目标也有差异，但战略目标应该是相同的，都是为了合理安排人口、资源开发、经济发展、生态保护的布局和时序，严格保护国土资源和生态环境，集约高效开发利用自然资源，促进经济与社会、人与自然和谐发展。"三规"需在国民经济和社会发展规划明确共同遵循的战略目标前提下，制定各自的具体目标任务，明确相应的管控方向。土地用总体规划主要确定土地利用数量控制指标，城乡规划确定建设用地发展方向和空间布局。

③空间分区管控上协调

经济社会发展规划没有完全的管制空间对应性；而"两规"划分的空间管制区域的数量不同，从各类分区的具体含义上讲，"两规"的定义也有所不同。因此，需要协调"两规"空间分区的方法与标准，共同划定城市开发边界，实行建设用地功能区控制和空间控制；确定集中建设区、产业区块、生态保护区、基本农田集中区规模和空间布局，协调"两规"在空间分区上的管控。

④重点区域与项目的协调

根据"经规定目标，土规定指标与坐标，城规定布局"的原则，在规划编制期限协调的基础上，"两规"要同时做好与社会经济发展规划的协调，保障在同一个5年规划中，城乡规划和土地利用总体规划的重点发展区域与重点建设项目完全一致。在规划编制和实施过程中优先满足重要产业园区、重点建设项目的用地需求。

（2）规划实施

"三规合一"成果经国务院审批后，可由市规划委员会建立规划实施监管平台，使用规划"一张图"来管控全市土地使用。区县及乡镇"三规合一"成果编制完经市政府审批后，可更新到该"一张图"系统中。规划审查的职能不再分散在各个职能部门，而直接隶属于市规划委员会。所有建设项目的规划预审或用地审查都通过"一张图"系统进行；所有其他规划，只要涉及土地的，都必须以"一张图"为依据，不得突破既定建设用地范围或占用规划内的基本农田。

2. 差别化的土地利用计划调节制度

近年来，天津市改进了土地利用年度计划管理，严格控制新增建设用地总量和新增建设用地占用耕地的数量，全市实行计划指标额度管理，统一调控计划指标，实现了制度上的创新。本书根据全国土地利用计划差别化管理的相关要求，结合天津市当地的土地利用计划管理特点，构建天津市特色的差别化土地利用计划调节制度。具体包括以下内容。

（1）建立完善的土地利用计划指标体系

①完善新增建设用地计划指标设置，包括国家统一下达的新增建设用地、占用农用地和占用耕地三项计划指标，还包括年度盘活利用存量用地指标、城乡建设用地增减挂钩指标、工矿废弃地复垦利用专项控制指标以及建设用围填海计划总量指标等专项指标。

②创新土地利用计划指标管理模式。全市实行计划指标额度管理，统一调控计划指标，并按照"控增量、逼存量"的原则，优先保障滨海新区项目、市级以上重点项目，优先满足保障性住房和示范工业园区用地，通过将土地指标审批与节约集约用地、治理违法用地等挂钩，深化计划指标额度管理，按项目审批用地，提高指标使用效率，充分发挥土地指标的保障和调控作用。

（2）改进土地利用计划编制下达方式

在下达土地利用年度计划时，采取预下达和中期考评下达相结合的方式，即在全国土地利用计划指标未下达之前，按照上年下达各地计划规模的一定比例预下达一部分进行使用，年中结合上一年度土地管理绩效和年度计划中期考评情况进行奖惩措施，对计划执行好的区县奖励计划指标，对计划执行差的区县扣减计划指标。年底根据宏观经济政策和各地重大项目实施情况进行调剂。

（3）建立差别化土地供应制度

第一，实施区域差别化策略，增加土地制度创新供给。根据天津市各区县社会经济发展的水平、耕地保护情况等因素，实行区域差别化土地供应策略。对于经济发展相对落后的区县适当缩减土地供应总量与节奏，对于耕地保护情况良好，经济社会发展对土地的需求迫切的区县，适当调整土地供应总量与节奏，以促进各地区均衡发展，避免土地资源的浪费。

第二，实施产业差别化策略，增加土地制度创新供给。产业结构调整和优化，战略性新兴产业培育和发展，使得各类产业间呈现发展前景、方向和政策取向等差异；同时，产业空间重组日益活跃，布局不断调整。这要求实施产业间差别化土地制度供给，提高土地供给与产业结构和布局政策的协同性。

第三，实施功能差别化策略，增加土地制度创新供给。根据天津市主体功能区规划，差别化增加土地制度供给：优化开发区应重点增加建设用地存量的再开发利用制度供给，重点开发区应重点增加产业聚集区及基础设施建设用地制度供给，农产品主产区型限制开发区应重点增加控制建设用地需求和耕地流失的制度供给，重要生态功能区型限制开发区应重点增加保护和支持生态用地的制度供给，禁止开发区应重点增加限制各类开发、适度发展旅游等保护性产业的土地制度供给。

第四，实施状态差别化策略，增加土地制度创新供给。地区或产业发展态势往往呈现较大波动。作为宏观调控手段之一，土地供给及其规制，应根据 GDP 增速、地方财政增速、城乡居民收入增速、社会投资增速等经济发展态势，进行适度调整，以保持各区县经济的适度稳定增长。可以将各区县的经济景气指数，作为土地制度微调的依据之一。

3. 基于全行业的建设用地标准控制制度

土地使用标准是国家、地方、相关行业主管部门发布实施的统一用地标准，它既是工程项目设计，建设项目准入，土地规划、审批和供应及土地开发利用监管的重要准则与基本尺度，也是用地单位、设计单位、相关行业主管部门遵照执行的重要政策依据和制度规范。2013年，天津市开展了《建设用地使用标准修订和节约集约用地考核评价体系建设》项目，制订一套完整的、符合天津市实际情况、开放且能动态更新的各行各业建设用地使用标准，该标准涉及天津 31 个工业行业、20 个工程类项目的建设用地使用标准情况。本书从以下两个方面介绍天津市建设用地标准控制制度。

（1）建立各行业建设用地控制标准指标体系

在国家现行土地使用标准和各省、市地方标准的基础上，结合天津市建设用地使用情况，以"十二五"时期用地的迫切需求为着眼点，确定天津市建设用地使用标准的行业覆盖范围和分类体系、核心指标体系。

①天津市工业项目建设用地控制标准指标体系

天津市工业项目建设用地控制标准是对一个工业项目（或单项工程，不含工业研发）及其配套工程在土地利用上进行控制的标准。核心指标体系由投资强度、容积率、建筑系数、行政办公及生活服务设施用地所占比重、绿地率等五项指标构成。

②天津市工程项目建设用地控制标准指标体系

以国家出台的《土地使用标准汇编》（上、下）、《划拨用地目录》（国土资源部令第9号）和各地方出台的建设用地控制标准中所列的项目为参考，结合天津市及各区县"十二五"规划、行业规划、重点建设项目计划等相关规划、计划资料，确定天津市未来几年工程项目的发展重点，从而制订符合天津市发展需要的工程项目体系，确定控制指标（参见表15-1）。

表15-1 天津市工程项目建设用地标准体系

序号	项目名称	项目名称
1	市政基础设施项目建设用地标准	供水工程项目建设用地标准
		排水工程项目建设用地标准
		燃气供应项目建设用地标准
		供热工程项目建设用地标准
		通信工程项目建设用地标准
		公共交通项目建设用地标准
		城市生活垃圾处理工程项目建设用地标准
		市政道路项目建设用地标准
		公共绿地项目建设用地标准
		消防设施项目建设用地标准
2	非营利性邮政设施项目建设用地标准	邮政运输项目建设用地标准
		物流配送中心项目建设用地标准
3	教育系统项目建设用地标准	学前教育项目建设用地标准
		普通中小学项目建设用地标准
		中等职业教育建设用地标准
		高等教育项目建设用地标准
		特殊教育项目建设用地标准

续表

序号	项目名称	项目名称
4	公益性科研机构项目建设用地标准	-
5	非营利性体育设施用地建设用地标准	体育训练场项目建设用地标准
		城市社区体育设施项目建设用地标准
6	非营利性公共文化设施项目建设用地标准	图书馆项目建设用地标准
		博物馆项目建设用地标准
		文化馆项目建设用地标准
		青少年文化设施项目建设用地标准
7	卫生系统项目建设用地标准	综合性医院建设用地标准
		中医医院建设用地标准
		专科医院和疗养院建设用地标准
		卫生院社区医疗场所建设用地标准
		妇幼保健机构建设用地标准
		疾病预防及防疫建用地标准
		其他卫生机构建设用地标准
8	非营利性社会福利设施用地	养老设施项目建设用地标准
		残疾人康复中心建设用地标准
		儿童福利院建设用地标准
9	石油天然气工程项目建设用地标准	-
10	电力工程项目建设用地标准	火电厂建设用地标准
		风电场建设用地标准
		变电站和换流站建设用地标准
11	水利设施项目建设用地标准	-
12	新建铁路工程项目建设用地标准	
13	公路工程项目建设用地标准	
14	河港码头工程项目建设用标准	
15	海港码头工程项目建设用地标准	
16	民用航空运输机场工程项目建设用地标准	
17	特殊用地项目建设用地标准	监狱项目建设用地标准
		看守所项目建设用地标准
		拘留所项目建设用地标准
		强制戒毒所建设用地标准

序号	项目名称	项目名称
18	仓库项目建设用地标准	-
19	保障性住房项目建设用地标准	-
20	墓葬项目建设用地标准	-

通过参考国家标准、地方标准对工程项目建设用地面积的控制指标，天津市各工程项目用地控制指标主要采用用地规模（总用地面积）和单位用地面积两项指标。

（2）严格建设项目用地管理

第一，在建设项目可行性研究、初步设计、土地审批、土地供应、供后监管、竣工验收等环节，严格执行天津市建设用地标准，建设项目的用地规模和功能分区，不得突破标准控制。各区县国土资源主管部门应当加强对用地者和勘察设计单位落实建设项目用地控制标准的督促和指导。第二，建设项目用地审查、供应和使用，应当符合建设项目用地控制标准和供地政策。对违反建设项目用地控制标准和供地政策使用土地的，县级以上国土资源主管部门应当责令纠正，并依法予以处理。第三，按照国家《禁止用地项目目录》和《限制用地项目目录》，不得为禁止用地的建设项目办理建设用地供应手续。

4. 城乡统一市场的土地资源配置制度

（1）明确农村集体土地所有权主体，打好集体土地入市基础

明晰的土地产权制度是集体土地交易合法化的基础，因此应先建立农村集体土地产权数据库，对土地产权进行统一管理。对产权清晰的集体土地，应在进行公示、土地登记、土地测量后，逐户发证。对产权尚有争议、且需求较多的集体土地，应通过走访、调查等方式了解争议情况，分情况提出相应的解决处理方案，对处理方案不满意的，可向其上一级法院提出申请重新处理。

（2）逐步建立完整的地价体系，搭建统一的土地交易平台

构建联合地价信息、交易信息、规范交易方式的土地交易平台。积极争取国家标定地价体系建设试点，定期公开标定地价和基准地价，逐步建立完整的地价体系，规范土地使用权出让底价的制定。统一交易信息录入、发布，特别是二级土地市场的供求、交易信息的录入发布以及土地使用申请制度的建立也一并纳入，形成透明、公开、规范的土地交易平台。对于有3个以上土地需求者的土地交易一律采用招拍挂方式进行。并规定3年内获得的土地使用权不得转让，以此打击土地投机。

（3）逐步扩大土地有偿使用范围，打造群众监督的土地使用机制

对国家明确要求利用招拍挂方式进行出让的土地，应严格执行，严惩不按规定进行出让土地的行为。除军事、保障性住房以及涉及国家安全和公共秩序的特殊用地可以采用划拨方式供应外，公共管理、基础设施以及社会事业用地应逐步纳入有偿使用范围，促进相应节约集约利用技术的提升，从而推进土地节约集约利用水平的提升。同时将土地出让信息进行公示，让群众参与到土地管理中来，发挥群众的监督作用，避免土地滥用干扰土地市场的正常运行，逐步规范各类土地使用方式。

5. 基于不同环节的税费调控制度

（1）土地取得环节税费调控方案

第一，将土地有偿使用范围逐步扩大到国家机关办公和交通、能源、水利等基础设施（产业）、城市基础设施以及各类社会事业用地的范围，征收土地出让金。根据天津市各区县经济发展的差异性，制定与之相适应的价格调控机制。第二，根据天津市建设用地节约集约评价结果，实行差别化税费调节政策。对土地节约集约用地不达标或存在土地闲置浪费行为的土地使用权人，适度调高土地出让金征收标准或者取消其当年新增建设用地获取资格。第三，根据新增建设用地在土地利用规划和城市规划中的土地利用调控方向，制定不同的税费调节政策。第四，对工矿废弃地、因污染和土壤等特殊条件造成的荒废土地、污染搬迁腾退土地、改造成本较高的城中村土地等存量土地进行的一级开发行为，制定鼓励政策，例如，予以开发费一定补偿，并

降低其企业所得税征收标准等，鼓励对开发难度较大的土地进行充分开发和利用，节约土地资源。

（2）土地保有环节税费调控方案

通过对城市内部不同功能区：工业、商业、居住、教育、特别等功能区实施有利于城市土地结构和布局优化的税费调控方案，能够促进产业布局优化和产业升级改造，鼓励土地使用权人提升土地利用强度和效率，进而促进节约集约用地。

①工业区

针对工业功能区，本研究以《工业项目建设用地控制指标》（国土资发〔2008〕24号）中的各项土地利用控制性指标为主要依据，采用城镇土地使用税（表15-2中简写为使用税）、土地增值税（表15-2中简写为增值税）、土地闲置费（表15-2中简写为闲置费）实施调控，调控周期与土地节约集约评价周期保持一致。其中与土地节约集约利用有关的税费减免方案如表15-2所示。

表 15-2　工业区土地保有环节税费调控手段

调控方向	调控指标	税费调控依据及调控手段	
土地利用布局	功能区匹配度	根据城市总体规划要求，工业项目向工业功能区搬迁：在搬迁后2年内小幅降低使用税、免征增值税；否则，逐年累增使用税、增值税	
土地利用结构	行业性质	针对高新技术、低能耗、环保及治污等行业，小幅降低使用税、免征增值税；反之，小幅增收使用税、增值税	
土地利用强度	建筑系数	高于30%，不过度集约	投资强度和升级改造强度2项指标均满足要求的，给予资金奖励；除以上2项指标外，对于其他指标同时达标的，小幅降低使用税、免征增值税，否则取消奖励；对项目进度不达标的，予以资金惩罚；对存在土地闲置行为的，逐年累增使用税、增值税、闲置费；针对其余几项指标，有1
	容积率	高于行业控制标准，不过度集约	
土地利用投入	投资强度	高于行业、地区分类控制标准	
	项目进度	按时开工、竣工及投产	
	土地闲置	不存在土地闲置行为	
	升级改造程度	采用先进生产工艺、设备，缩短工艺流程	
	行政办公及生活服务设施	面积小于总用地面积的7%；无非生产性配套设施建设	

调控方向	调控指标	税费调控依据及调控手段
	绿地率	低于 20%，高于 5%	项和 2 项不达标的，分别小幅和中幅增收使用税、增值税，有 3 项及以上不达标的，大幅增收使用税、增值税
土地利用效益	地均工业产值	对位列功能区排名前 10%的企业予以资金奖励

②商业、居住、教育、特别功能区

商业、居住、教育、特别功能区的土地节约集约利用行为，参照城市相关规划和《土地使用标准汇编》中的相关控制标准，设计方案如表 15-3 所示。

表 15-3　商业、居住、教育、特别功能区土地保有环节的税费调控手段

调控方向	调控指标	税费调控依据及手段	
土地利用布局	功能区匹配度	根据城市总体规划要求，项目向相应功能区搬迁；在搬迁后 2 年内小幅降低使用税、免征增值税；否则，逐年累增使用税、增值税，直至搬迁为止	在以上 4 项指标同时达标时，小幅降低使用税、免征增值税，否则取消奖励；对项目进度不达标的，予以资金惩罚；对存在土地闲置行为的，逐年累增使用税、增值税、闲置费；针对其余指标，1 项和 2 项不达标行为，分别小幅和中幅增收使用税、增值税
土地利用强度	建筑系数	达到行业控制标准，不过度集约	
	容积率	达到行业控制标准，不过度集约	
土地利用投入	项目进度	按时开工、竣工及投产	
	土地闲置	不存在土地闲置行为	
	基础设施建设	对主动加强投入、建设的行为予以资金奖励	

（3）土地转移环节税费调控方案

第一，根据天津市主体功能区规划，以及各区域经济发展状况，制定不同的土地转让税收调节政策，对经济发展较快的地区需提高土

地增值税缴纳标准以遏制一些投机行为。第二，对土地转让明确用于保障性住房房源，高新技术、生态环保、污染治理产业房源，以及公益性用地的，降低土地增值税缴纳标准；如土地转让明确用于产能过剩行业、商业综合体、大型游乐设施或高档旅游区、别墅等，则适度提高企业所得税缴纳标准。第三，针对存量划拨用地未来被纳入有偿使用范围的，一方面，针对使用权人转让、租赁、抵押、作价入股和投资行为，补缴土地出让金，促使其充分利用土地资源，抑制闲置浪费行为；另一方面，建议在二手市场交易环节适当降低存量划拨建设用地土地增值税、企业所得税的征收标准，促进其通过转让、租赁、抵押等方式参与交易。

6. 双管齐下的土地利用监测监管制度

（1）完善土地利用监测监管方式

第一，建立和完善建设用地监管程序规范；第二，利用信息系统，快速反映和查验建设用地使用情况；第三，利用卫星遥感，对土地利用现状进行动态监测；第四，利用卫星遥感，按规定开展土地利用现状变更调查；第五，加大日常巡查的范围和密度，组织开展定期检查。

（2）建立土地供应和开发利用监管制度

第一，对土地供应政策执行情况和已供土地的开发利用情况进行监管，包括监管建设项目开竣工情况、监管土地使用权出让价款实际缴纳情况、监管住房供地合同执行情况等。第二，制定处置政策，加强违规违法行为的查处和整改。根据天津市土地供应政策和供应流程，进一步明确处置政策，逐项核查，分类处理，加强政策的落实。第三，建立完善的土地市场动态监测监管系统。该系统将自动记录违规违法行为并实时进行汇报，在监测监管系统对应栏目中分类显示。各级国土资源管理部门应随时查询和浏览相关信息内容，及时发现违规问题，认真整改、查处，确保监管效果。

（3）建立建设用地批后监管制度

第一，实行建设用地批后公示制度。国有建设用批准文件、划拨决定书下发或者有偿使用合同签订后，及时组织土地使用权人在宗地现场设置"建设项目用地公示牌"，将国有建设用地批准文号、用途、面积、四至、开工日期、竣工日期、监管机构等内容进行公示。第二，建立批后监管警示制度。一旦发现土地使用权人有可能违规违约使用土地以及造成土地闲置的倾向，区县土地行政主管部门即向土地使用权人发出书面警示通知，提醒土地使用权人依照规定及合同的约定使用土地。第三，完善建设项目竣工用地验收制度。对竣工建设项目进行验收，是否按照规定的容积率、绿地率、建筑密度、投资强度等建设条件和标准使用土地，如不符合不得通过项目竣工验收。第四，建立闲置土地依法处置制度。对认定的闲置土地，拟定处置方案。处置方案报经人民政府批准后，由国土资源行政主管部门组织实施。土地闲置满两年依法应当无偿收回，土地闲置满一年不满两年的，按出让价款或划拨价款的 20% 征收土地闲置费。

7. 基于多尺度的节约集约利用评价制度

2013 年，天津市开展了《建设用地使用标准修订和节约集约用地考核评价体系建设》项目，确定了 31 个工业行业、20 个工程类项目的建设用地使用标准；并建立了开发区、区县、城市土地差别化的建设用地节约集约利用评价体系。本书从不同尺度的角度设计天津市节约集约利用评价制度。

（1）开发区土地节约集约利用评价

开发区土地集约利用评价主要从土地利用状况、用地效益和管理绩效三个方面开展。在各地集中体现的评价指标的基础上，结合开发区土地集约利用评价规程，以及天津市实际情况，尽可能用可统计的量化指标，按少、简、易操作的原则选择产业集中度、地均固定资产投资、工业增加值产出率、地均利税、单位 GDP 耗地量等指标作为天津市开发区节约集约用地考核评价的指标体系，如表 15-4 所示。

表 15-4　天津市开发区考评指标体系

指标	计算公式	数据来源
产业集中度	开发区产业用地面积/开发区土地总面积	开发区经济数据统计台账和区域统计年鉴
地均固定资产投资	开发区年度固定资产投资/已供地产业用地面积	开发区经济数据统计台账、供地台账和变更调查土地

续表

指标	计算公式	数据来源
工业增加值产出率	开发区年度工业增加值/已供应的产业土地面积	开发区经济数据统计台账、供地台账和变更调查土地
地均利税	年度利税总额/已供地产业用地面积	开发区经济数据统计台账、供地台账和变更调查土地
单位 GDP 耗地量	考核年建设用地面积 /考核年 GDP	开发区经济数据统计台账、供地台账和变更调查土地

（2）区县土地节约集约利用评价

通过对比分析国家和地方县域评价指标体系，结合单位 GDP 建设用地下降目标评估、批而未建土地核查等工作情况，以及天津市的实际情况，本着简化程序、易操作、数据易获取的原则，初步确定天津市区县考评指标为产出水平、投资强度、耗地水平、用地集中度等四类指标，包括总量水平指标和变化率指标。考核指标具体指标选取情况如表 15-5 所示。

表 15-5　天津市区县节约集约用地考评指标体系

序号	指标类别	指标名称	计量单位
1	产出水平	建设用地地均财政收入	万元/亩
		建设用地地均财政收入增长率	%
2	投资强度	单位（新增）建设用地固定资产投资	万元/亩
		单位（新增）建设用地固定资产投资及增长率	%
3	耗地水平	单位 GDP 建设用地	亩/亿元
		单位 GDP 建设用地下降率	%
4	用地集中度	工业项目用地进区入园率（涉农区县）	%

（3）城市土地节约集约利用评价

通过分析国家层面建设用地节约集约利用评价指标情况，参考各地重点考核的经济社会指标和天津市"十二五"规划关注的重点，将各经济社会发展指标落到土地上，初步选取了单位建设用地生产总值及增长率、单位建设用地财政收入及增长率、单位建设用地固定资产投资及增长率和生态用地比例等七项指标，如表 15-6 所示。

表 15-6　天津市市域节约集约用地考核评价指标体系

序号	指标名称	计量单位
1	单位建设用地生产总值	万元/公顷
2	单位建设用地财政收入	万元/公顷
3	单位建设用地固定资产投资	万元/公顷
4	单位建设用地生产总值增长率	%
5	单位建设用地财政收入增长率	%
6	单位建设用地固定资产投资增长率	%
7	生态用地比例	%

8. 基于行政体系的绩效考核制度

（1）建立土地节约集约考核指标体系

按照国家和地方对节约集约评价工作的要求，设置相对完整、体系层次分明的节约集约考核指标体系。具体指标选取方面，可考虑土地供应、耕地保护、土地利用结构、土地利用强度、土地利用效率（开工投产、投入产出情况、单位 GDP 建设用地下降率）、土地违法状况等多项指标。

指标的选取及权重设置参考主体功能区划分，综合考虑各地的资源禀赋、农用地保护需求、生态环境脆弱度、经济发展和城镇化已有建设强度和未来潜力等因素，选取差别化的土地节约集约考核指标。其中，优化开发区域经济发展速率、工业化城镇化建设强度、资源环境胁迫程度已然较高，应实行转变经济发展方式优先的绩效考核，强化对经济结构、土地资源消耗、自主创新方面的考核，弱化对经济增长速度的考核；重点开发区域经济发展和工业化城镇化建设空间较大、摊大饼现象相对突出，资源环境的潜在威胁较大，应实行工业化城镇化水平优先的绩效考核，强化对经济增长、质量效益、产业结构、土地资源消耗方面的考核，弱化对投资增长速度等指标的考核；限制开发区域一方面农用地和耕地保护任务较重，另一方面生态环境比较脆弱，应弱化对工业化城镇化相关经济指标的考核，在指标选取方面，可重点考察与耕地保护相关的指标，适当考察闲置土地处置情况；禁止开发区域重点在于生态环境的保护和污染物监管，因此不重点考察工业化城镇化建设、土地节约集约利用等方面的指标，但可适当考察土地违法情况等。

在指标设置方面，为突出差别化考核，每个主体功能区可根据自身特点，设定若干重点考核指标，同时预留若干可选考核指标，供个别地区选取；此外，设置通用考核指标，突出必考项。在指标数量方面，不宜过多，一为提高考核过程的可操作性和简洁性，二为提高地区间的可比性，保证考核结果的说服力。土地节约集约考核指标体系如表 15-7 所示。

表 15-7　土地节约集约考核指标体系

主体功能区	经济发展特点	绩效考核重点	必选指标	自选指标
优化开发区	经济发展水平、资源环境承载程度已然较高	强化对经济结构、土地资源消耗、自主创新方面的考核	单位 GDP 建设用地下降率 产业结构 节约集约用地特色模式	综合容积率 地均 GDP 增长率
重点开发区	经济发展和工业化城镇化建设空间较大，资源环境的潜在威胁较大	强化对经济增长、质量效益、产业结构、土地资源消耗方面的考核	地均 GDP 地均 GDP 增长率 新增建设用地地均固定资产投资	土地供应率 土地有偿使用率
限制开发区	一方面农用地和耕地保护任务较重，另一方面生态环境较脆弱	重点考察与耕地保护相关的指标，适当考察闲置土地处置情况	耕地保护情况 永久性基本农田保护 耕地占补平衡情况	存量土地供应率 闲置土地处置率
禁止开发区	重点在于生态环境的保护和污染物监管	可适当考察土地违法情况等	土地一般违法情况 生态用地保护情况	土地违法案件处理情况

（2）构建土地节约集约考核奖惩机制

各地方政府根据土地节约集约绩效考核的结果，设置对应的奖惩及节约集约工作挂钩措施，以提高地方政府土地节约集约利用积极性，提升考核工作的推广价值。另外，在惩罚措施上需要注意，节约集约用地考核以推动地方可持续发展为目的，设定的惩罚措施不能以阻碍经济社会发展为代价，因此，惩罚应以保障国家省重点项目建设、促进地区民生改善、支持保障性住房建设等为前提。具体奖惩措施为：

①将考核结果与下一年度新增建设用地和存量建设用地计划指标相挂钩，针对土地盘活利用突出的区县，可奖励未利用地、宗地等存量用地指标。

②将考核结果与下一年度用地审批相挂钩，对土地供应计划落实不到位、土地粗放利用、土地闲置状况严重的区县，在下一年度，可暂停新增建设用地审批。

③将考核结果与地方政府人事制度挂钩，对节约集约工作出色的地方政府领导给予表彰和资金奖励，并规定资金用于土地节约集约措施；对节约集约存在较大问题的地方政府领导予以通报批评，并规定进行书面总结和调整措施陈述，对连续 2 年及以上存在问题、或整改效果不明显的地区，将考核结果直接作用于地方领导的任免。

第四节　节约集约利用制度体系建设应用建议

一、政策层面的应用建议

1. 推进土地管理政策的创新

通过天津城市建设用地节约集约利用制度体系的建立，完善天津市土地利用计划调节制度、规划管控制度、节约集约评价制度和绩效考核制度等一系列土地节约集约制度，为创新土地管理政策提供依据。例如，根据土地利用计划调节制度，在深入研究天津市产业更替演变规律、综合土地节约集约利用目标的区域差异性和实现可行性等各方因素基础上，加强建设项目用地控制指标体系的动态更新，制定区域差别化的供地政策，按照优先发展产业优先供应土地的原则，主动引导产业项目用地投向民生工程、基础设施、生态环境建设、自主创新、产业结构调整等新增项目用地的供应，优先满足高产出、高效益项目建设，加快促进区域产业结构升级与梯度转移。

2. 制定节约集约用地配套政策

为推进天津市城市建设用地节约集约利用制度体系的应用，需制定节约集约用地配套政策。例如，要建立城乡统一市场的土地资源配置制度，充分发挥市场配置土地资源基础性作用，健全节约集约用地长效机制，需要制定建设用地储备政策。储备建设用地必须符合规划、计划，并将现有未利用的建设用地优先纳入储备。储备土地出让前，应当处理好土地的产权、安置补偿等法律经济关系，完成必要的前期开发，缩短开发周期，防止形成新的闲置土地。土地前期开发要引入市场机制，按照有关规定，通过公开招标方式选择实施单位。经过前期开发的土地，依法由区县人民政府国土资源部门统一组织出让。

二、管理层面的应用建议

1. 用于土地规划计划管理

城市建设用地节约集约利用评价结果，比较直观地反映了城市总体节约集约利用水平的相对高低，可为编制天津市土地利用总体规划中确定用地规模提供科学支持，并为平衡各类城市用地指标提供依据；同时，通过评价成果的信息反馈变更或强化规划实施管理手段，有助于提出更为合理的规划目标及对策措施，使土地利用系统向持续利用方向发展；另外，可将土地利用年度用地计划指标分配与土地节约集约利用评价结果相挂钩，不断提高它在指标分配中的权重，同时作为土地利用计划执行情况年度考评的依据之一，据此安排一定比例的建设用地指标用于激励。

2. 用于城市功能完善

结合土地节约集约利用评价结果，以城市服务功能为导向，制定合理的土地开发利用模式，通过用地结构的优化调整，引导产业与功能区的布局调整；积极推进城市空间立体开发，通过区域的多功能化，实现节约集约用地与经济社会效益的统一；制定合理的产业政策、住房政策，通过人口结构与规模的调控，提高单位土地面积的人口承载力、增加城市建筑密度和容积率。通过对城市土地多种功能的集约配置和高效使用，促进城市整体功能的完善。

三、技术层面的应用建议

1. 探索节约集约用地技术及模式

节地技术是指能够减少土地占用、提高土地利用效率的技术。节地模式，就是人们在节约集约利用土地的实践中所采取的一系列技术、管理手段和政策措施在时空上的优化组合形式，是对节地实践进行的理论概括。可将天津市建设用地标准制度应用于立体开发节地技术和模式研究，并构建以节地技术为核心，覆盖节地标准、节地模式、节地机制和效果评价体系等内容的科学合理、层次清晰的节地技术方法体系。

2. 建立天津市土地预警调控机制

根据节约集约利用评价制度，将节约集约用地与土地资源承载力的思想进行融合，节约集约的标准值对应承载力的阈值：以节约集约标准的最大（小）值及其临近值为节点划分评价指标的承载区间，以此判断土地资源对天津市人口、经济、建设、生态的承载情况——超载（过度利用）、满载（临近过度利用）、适载（集约利用）、弱载（临近粗放利用）、低载（粗放利用），并制定具有针对性的预防调控或者修正调控措施，建立天津市土地的预警调控机制。

结　语

随着我国工业化、城镇化的迅速发展，在城市建设用地利用上，存在着诸多问题。例如，城市化进程的加快导致建设用地急剧扩张；建设用地不断侵占城郊周边优质耕地；城市内部土地闲置浪费，建设用地布局不合理等。为保证城市经济社会的可持续发展，缓解土地供需矛盾，优化用地结构和布局，推进建设用地节约集约利用，已成为现阶段我国城市发展的必然选择。

节约集约利用国土资源已经上升到国家战略高度，各地在土地管理实践工作中都在积极尝试和不断探索建设用地节约集约利用的好方法、好措施，节约集约用地工作取得明显进展，规划计划的总体控制作用不断强化，土地市场的配置范围不断扩大。但是由于我国城市化进程的加快，许多地方政府"摊大饼"式地进行"城市化大跃进"。地方政府和企业"圈地"现象普遍，城市规模扩张迅速；闲置和低效利用情况普遍存在，土地利用效率较低；超标准、浪费用地导致土地利用结构不尽合理，内部布局散乱。

产生以上问题是有多方面原因的，既有制度不落实、措施不得力等操作层面的因素，也有制度设计不合理、市场机制发挥不充分、节约集约用地意识淡薄等深层次原因。因此，本书针对我国现行节约集约制度的不足，以制度设计为出发点，共设计了 8 个体系的节约集约制度包括：基于"多规合一"的规划管控制度、差别化的土地利用计划调节制度、基于全行业的建设用地标准控制制度、城乡统一市场的土地资源配置制度、基于不同环节的税费调节制度、双管齐下的土地利用监测监管制度、基于多尺度的节约集约利用评价制度、基于行政体系的绩效考核制度，并以天津市为实例，进行了具体方案的设计。

通过城市建设用地节约集约利用制度体系的建立，完善土地利用计划调节制度、规划管控制度、节约集约评价制度和绩效考核制度等一系列土地节约集约制度。为城市建设用地节约集约利用、城市土地科学管控以及创新土地管理政策提供一定的借鉴与参考。

参考文献

[1] 肖梦. 城市微观宏观经济学[M]. 北京：人民出版社，1993.

[2] 马克伟. 土地大辞典[M]. 长春：长春出版社，1991.

[3] 龚义. 城市土地集约利用内涵界定及评价指标体系设计[J]. 浙江国土资源，2002(2).

[4] 陶志红. 城市土地集约利用几个基本问题的探讨[J]. 中国土地科学，2000(5).

[5] 谢敏，郝晋珉，丁忠义，杨君. 城市土地集约利用内涵及其评价指标体系研究[J]. 中国农业大学学报，2006(5).

[6] 郑新奇. 节约集约：从理念走向实践[J]. 中国土地，2012(7).

[7] 曹银贵，袁春，郑新奇，等. 基于文献的城市土地集约利用现状研究[J]. 生态经济，2008(9).

[8] 骆丽霞. 土地节约集约利用技术问题及措施[J]. 城市建设理论研究，2012(14).

[9] 雷志刚，张禾裕，李文高，等. 我国节约集约用地的探索与实践研究[J]. 国土与自然资源研究，2012(6).

[10] 朱天明，杨桂山，万荣荣. 城市土地集约利用国内外研究进展[J]. 经济地理，2009，29(6).

[11] 童少君. 城市土地利用存在的问题及对策[J]. 现代农业科技，2009(2).

[12] 邓炯. 当前我国土地集约利用中的有关问题及对策建议[J]. 河南科技，2009(23).

[13] 祝小迁，程久苗，王娟，等. 近十年我国城市土地集约利用评价研究进展[J]. 现代城市研究，2007(7).

[14] 郑斌，黄丽娜，卢新海. 论城市土地集约利用中的全面可持续观——国内外研究比较与评述[J]. 中国土地科学，2010，24(3).

[15] 郑彩菊，张坤. 土地集约利用与评价的研究进展与发展趋势[J]. 湖南农机，2009，36(2).

[16] 郑泽庆，黄贤金，钟太洋. 我国城市土地集约利用评价研究综述[J]. 山东师范大学学报（自然科学版），2008，23(3).

[17] 林皆敏. 城市土地集约利用评价成果在土地管理中的应用[J]. 广东土地科学，2012，11(6).

[18] 王慎刚,张锐. 中外土地集约利用理论与实践[J]. 山东师范大学学报(自然科学版)，2006，21(1).

[19] 王春华，唐任伍，杨丙见. 城市化加速时期国有土地集约使用理论与实践[J]. 教育与研究，2006(10).

[20] 曹淑晶，完善我国节约集约用地制度的思考[J]. 山东财政学院学报，2010(2).

[21] 朱有志，周海燕. 节约型社会评价指标体系构架及应用研究[J]. 长江流域资源与环境，2008，17(1).

[22] 邵晓梅，刘庆，张衍毓. 土地集约利用的研究进展及展望[J]. 地理科学进展，2006(2).

[23] 赵飞燕，余瑞雪. 天津市城市建设用地集约利用影响因素研究[J]. 中国校外教育（下旬刊），2013(4).

[24] 戴必蓉，杨子生. 土地节约与集约利用的概念和内涵探析[J]. 中国土地，2012(7).

[25] 李炯光. 韦伯的工业区位论对我国区域经济的研究的意义[J]. 重庆三峡学院学报，2002(2).

[26] 乔家君. 基于中心地理论的中心村区位选择与优化——以河南省邓州市构林镇为例[D]. 河南：河南大学，2013.

[27] 石虹，曹钢跃. 浅谈杜能农业区位论对现代土地利用的影响[J]. 山西教育学院学报，2000(2).

[28] 陈钶斯. 报酬递减规律在土地集约利用中的应用[J]. 中国人民大学公共管理学院，2008(6).

[29] 洪名勇. 论马克思的土地产权理论[J]. 经济学家，1998(1).

[30] 杨伟. 渝北区城镇土地节约集约利用评价研究[D]. 重庆：西南大学，2007.

[31] 周建永. 我国城市土地集约化利用、评价与对策研究[D]. 西安：长安大学，2006.

[32] 贾艳慧. 城乡二元土地制度存在的问题及对策研究[J]. 理论探讨，2010(7).

[33] 王绍艳，陈银蓉，佟香宁. 武汉市城市土地集约利用评价研究初探[J]. 国土资源科技管理，2007(1).

[34] 李学明. 国家节约集约用地约束下的土地管理制度创新模式研究——以合肥为例[J]. 预测，2011(5).

[35] 姚凯."资源紧约束"条件下两规的有序衔接——基于上海"两规合一"工作的探索和实践[J]. 城市规划学刊，2010(3).

[36] 曲波. 中国城市化和市场化进程中的土地计划管理研究[M]. 北京：经济管理出版社，2011.

[37] 王克强. 中国省级土地利用年度计划管理制度创新研究——以 A 市为例[J]. 中国行政管理，2011(4).

[38] 夏燕榕. 基于建设用地扩张经济效率的土地利用计划差别化管理研究[D]. 南京：南京农业大学，2009.

[39] 杨雪峰，史晋川. 地根经济视角下土地政策反周期调节的机理分析[J]. 复印报刊资料（经济学文摘），2011(1).

[40] 邓颖琳. 广西土地利用计划管理创新探讨[J]. 国土资源科技管理，2010(3).

[41] 姜海，徐勉，李成瑞，等. 土地利用计划考核体系与激励机制[J]. 中国土地科学，2013，27(3).

[42] 杜明军. 中国土地节约集约利用政策的反思[J]. 生态经济，2012(10).

[43] 吴九兴. 土地利用政策：市场效率与社会效率——以城市建设为例[J]. 经济体制改革，2010(5).

[44] 魏莉娜. 土地参与宏观调控政策研究[D]. 南京：南京农业大

学，2006．

[45] 杨重光. 城市土地节约集约利用的基础、重点与市场机制[J].
上海城市研究，2010(5).

[46] 中国土地矿产法律事务中心课题组. 土地政策参与宏观调控
的实践历程[J]. 中国土地，2007(06).

[47] 袁利平，谢涤湘. 经济发达地区节约和集约利用土地对策研
究[J]. 建筑经济，2010(8).

[48] 郭文华. 英国土地管理体制、土地财税政策及对我国的借鉴
意义[J]. 国土资源情报，2005(11).

[49] 骆祖春,赵奉军. 美国土地财政的背景、经历与治理[J]. 学海，
2012(6).

[50] 单国雁. 节约集约用地控制城市规模的政策研究[D]. 天津：
天津师范大学，2007.

[51] 林目轩. 美国土地管理制度及其启示[J]. 国土资源导刊，
2011(1).

[52] 安徽省财政厅课题组. 国外土地调控政策研究[J]. 经济研究
参考，2006(94).

[53] 陈双. 美国促进建设用地集约利用政策之启示[J]. 湖北大学
学报(哲学社会科学版)，2006(06).

[54] 陈美球，蔡玉梅，王庆日，孔祥斌. 国外保护耕地集约用地
概览[J]. 资源导刊，2010(07).

[55] 胡斌. 长沙市土地集约利用问题与对策研究[D]. 长沙：国防
科学技术大学，2011.

[56] 冯应斌. 重庆市节约集约用地制度创新研究[D]. 重庆：西南
大学，2009.

[57] 钱忠好. 关于中国农村土地市场问题的研究[J]. 中国农村经
济，1999(01).

[58] 李涛. 城市土地市场运行与政策控管研究[D]. 南京：南京农
业大学，2004.

[59] 刘小玲. 建立我国城乡一体的土地市场体系探索[J]. 南方经

济，2005(08).

[60] 曲福田，高艳梅，姜海. 我国土地管理政策：理论命题与机制转变[J]. 管理世界，2005(04).

[61] 张合林，郝寿义. 城乡统一土地市场制度创新及政策建议[J]. 中国软科学，2007(2).

[62] 李景刚，张效军，高艳梅，刘小玲. 我国城乡二元经济结构与一体化土地市场制度改革及政策建议[J]. 农业现代化研究，2011(03).

[63] 刘浔. 浅谈当前我国土地市场的问题及其对策[J]. 经营管理者，2012(13).

[64] 陈晓娣，常焕焕，郭永生. 我国现行土地市场的结构分析[J]. 价值工程，2012(13).

[65] 郑云峰，李建建. 城乡建设用地市场一体化问题探究[J]. 上海房地，2013(2).

[66] 陈利根. 城乡统筹一体化与土地法的协同创新——土地法的体系化立法模式构建[J]. 河北法学，2013，9(9).

[67] 胡金辉，杨淑琴. 当前土地市场存在的问题、成因及审计对策和建议[J]. 审计与理财，2013(11).

[68] 尹伯成. 构建城乡统一的土地市场[J]. 中国地产市场，2013(7).

[69] 高宇翔，刘甜，杨洪垒. 浅析中国土地市场的市场化进程[J]. 北方经济，2013(08).

[70] 郑云峰，李建建. 我国城乡建设用地市场一体化的问题探究与对策前瞻[J]. 发展研究，2013(01).

[71] 薛家节. 我国土地市场的发展现状与对策[J]. 城市建设理论研究，2013(23).

[72] 杨爽. 我国土地资源有偿使用制度研究[D]. 北京：中国地质大学（北京），2013.

[73] 金丽国，刘灵伟. 城市化快速发展过程中土地的节约集约利用问题研究[M]. 天津：南开大学出版社，2012.

[74] 史建东. 浅谈土地交易方式与价格的关系[J]. 中国土地，2005(05).

[75] 吴郁玲. 基于土地市场发育的土地集约利用机制研究[D]. 南京：南京农业大学，2007.

[76] 曲福田，吴郁玲. 土地市场发育与土地利用集约度的理论与实证研究——以江苏省开发区为例[J]. 自然资源学报，2007，22(3).

[77] 刘歆. 城市土地市场对城市土地集约利用的影响[J]. 知识经济，2008(9).

[78] 吴郁玲，周勇. 我国城市土地市场均衡与土地集约利用[J]. 经济地理，2009(06).

[79] 王勤超. 浅析土地招标、拍卖、挂牌交易方式[J]. 工作研究，2010(10).

[80] 宋伟烨. 土地交易方式的研究[J]. 神州，2012(20).

[81] 艾哲文. 土地一级市场垄断的效应[J]. 中国房地信息，2004(04).

[82] 胡雅芬，沈映春. 我国土地一级市场现状分析——以北京市为例[J]. 国土资源科技管理，2005(06).

[83] 刘守英. 政府垄断土地一级市场真的一本万利吗[J]. 中国改革. 2005(7).

[84] 熊晖. 我国城市土地一级市场改革的几点认识[J]. 改革热点，2006(04).

[85] 田贵良. 一级市场土地使用权流转市场化研究[J]. 统计与决策，2007(06).

[86] 杨浩. 阮成. 吴中全. 对"土地一级市场政府垄断"的思考[J]. 西南农业大学学报（社会科学版），2009(1).

[87] 李玲玲. 完善土地二级市场建设的对策[J]. 国土资源，2008(S1).

[88] 韩惠君. 浅谈土地二级市场的问题与对策[J]. 价值工程，2010(212).

[89] 谢华. 浅析我国土地二级市场的制度缺陷与对策[J]. 管理学

家，2012(02).

[90] 徐春光. 浅谈当前我国地二级市场管理中的问题及对策[J]. 科技创新与应用，2014(04).

[91] 金黎婷. 基于集约利用的土地资源使用标准体系研究[D]. 北京：中国人民大学，2009.

[92] 陈基伟. 国内外土地使用标准体系借鉴[J]. 科学发展，2014(66).

[93] 洪增林,薛惠锋. 城市土地集约利用潜力评价指标体系[J]. 地球科学与环境学报，2006(1).

[94] 张平平，鲁成树. 开发区土地集约利用评价基本问题探讨[J]. 国土资源科技管理，2010，27(3).

[95] 曹银贵，周伟，袁春，等. 全国城市土地集约利用评价及结果检验[J]. 河南师范大学学报（自然科学版），2009，37(6).

[96] 班茂盛，方创琳，宋吉涛. 国内外开发区土地集约利用的途径及其启示[J]. 世界地理研究，2007，16(3).

[97] 宋子正，郭锐. 英国的土地税制及其借鉴[J]. 涉外税务，1997(3).

[98] 赵晖. 我国地方政府绩效考核指标要素分析[J]. 南京:南京师大学报（社会科学版），2010(6).

[99] 赵晖. 借鉴与创新:英美等国政府绩效管理的启示[J]. 云南社会科学，2008(1).

[100] 周志忍. 我国政府绩效管理研究的回顾与反思[J]. 公共行政评论，2009(1).

[101] 蓝志勇，胡税根. 中国政府绩效评估：理论与实践[J]. 政治学研究，2008(3).

[102] 蔡立辉. 政府绩效评估：现状与发展前景[J]. 中山大学学报(社会科学版)，2007，47(5).

[103] 倪星. 地方政府绩效评估指标的设计与筛选[J]. 武汉大学学报（哲学社会科学版），2007，60(2).

[104] 李学明. 城市土地节约集约利用理论与实践研究[D]. 合肥：

中国科学技术大学，2010.

[105] 兰艳红. 我国城市土地税费体系改革研究[D]. 成都：西南财经大学，2007.

[106] 邹伟. 中国土地税费的资源配置效应与制度优化研究[D]. 南京：南京农业大学，2009.

[107] 路秋兰. 基于土地资源可持续利用的土地税制改革研究[D]. 保定：河北农业大学，2007.

[108] 李蕊伊. 引导城市土地资源合理配置的土地税收作用研究——以武汉市为例[D]. 武汉：华中农业大学，2011.

[109] 姚旻辰. 经济发达地区土地行政管理绩效评价研究——以无锡市为例[D]. 南京：南京农业大学，2011.

[110] 郭文华，张迪，李蕾，谢敏. 开展城市土地利用评价和空间监控预警的重要意义[N]. 国土资源情报，2010-11.

[111] 喻锋. 城市土地集约利用评价的实证和新思路[N]. 国土资源情报，2007-2.

[112] 臧德彦. 基于 RS 的土地利用动态监测技术路线分析[J]. 科技广场，2009(1).

[113] 3S 技术在土地动态监测中的应用[D]. 吉林：吉林大学，2012.

[114] 周进生. 遥感监测技术在土地利用监管中的作用分析[J]. 中国国土资源经济，2011(5).

[115] 徐建伟. 强化制度建设，探索科技手段构建土地利用动态监管新模式[J]. 中国地产市场，2013(8).

[116] 天津市统计局、国家统计局天津调查总队. 2012 年天津市国民经济和社会发展统计公报[N]. 天津日报，2013-3-1.

[117] 吴岗. 天津市推进节约集约用地记略[N]. 中国国土资源报，2013-8-17.

[118] 关于天津市节约集约用地工作情况的报告 [DB/OL]. http://www.tjwqgt.gov.cn/ Lists/ List15/ DispForm. aspx? ID= 428.

南开大学出版社网址：http://www.nkup.com.cn

投稿电话及邮箱： 022-23504636　　QQ：1760493289

　　　　　　　　　　　　　　　　　QQ：2046170045(对外合作)

邮购部：　　　　　022-23507092

发行部：　　　　　022-23508339　　Fax：022-23508542

南开教育云：http://www.nkcloud.org

App：南开书店 app

　　南开教育云由南开大学出版社、国家数字出版基地、天津市多媒体教育技术研究会共同开发，主要包括数字出版、数字书店、数字图书馆、数字课堂及数字虚拟校园等内容平台。数字书店提供图书、电子音像产品的在线销售；虚拟校园提供 360 校园实景；数字课堂提供网络多媒体课程及课件、远程双向互动教室和网络会议系统。在线购书可免费使用学习平台，视频教室等扩展功能。